RESEARCH CENTRE FOR CHINESE
PHILOSOPHY AND CULTURE, CUHK

中国哲学与文化

THE JOURNAL OF CHINESE PHILOSOPHY AND CULTURE

第十五辑
NO.15

先秦哲学与文献

Pre-Qin Philosophy and Texts

郑宗义　主编

Editor　Cheng Chung-yi

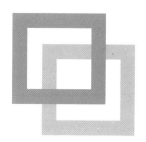

上海古籍出版社

Shanghai Chinese Classics Publishing House

中国哲学与文化

THE JOURNAL OF CHINESE PHILOSOPHY AND CULTURE

学术顾问 Academic Advisory Board（按中文姓氏笔画排列）

余英时（Yu Ying-shih）　杜维明（Tu Wei-ming）　Donald J. Munro（孟旦）

主编 Editor

郑宗义（Cheng Chung-yi）

副主编 Associate Editor

姚治华（Yao Zhihua）

编辑委员会 Members of Editorial Committee（按中文姓氏笔画排列）

王德有（Wang Deyou）　　　Chris Fraser（方克涛）　　　Rudolf G. Wagner（瓦格纳）
冯耀明（Fung Yiu-ming）　　Philip J. Ivanhoe（艾文贺）　Stephen C. Angle（安靖如）
朱鸿林（Chu Hung-lam）　　庄锦章（Chong Kim-chong）　刘笑敢（Liu Xiaogan）
李明辉（Lee Ming-huei）　　李晨阳（Li Chenyang）　　　杨儒宾（Yang Rur-bin）
陈　来（Chen Lai）　　　　陈少明（Chen Shaoming）　　林镇国（Lin Chen-kuo）
信广来（Shun Kwong-loi）　黄慧英（Wong Wai-ying）　　颜世安（Yan Shi'an）

执行编辑 Executive Editor

曾诵诗（Esther Tsang）

编务 Editorial Assistant

李宁君（Jessica Li）

通讯编辑 Corresponding Editors（按中文姓氏笔画排列）

陶乃韩（Tao Naihan）　　梁　涛（Liang Tao）

主办

香港中文大学哲学系中国哲学与文化研究中心
Research Centre for Chinese Philosophy and Culture
Department of Philosophy, The Chinese University of Hong Kong

地址

香港新界沙田香港中文大学冯景禧楼G26B室
Room G26B, Fung King Hey Building
The Chinese University of Hong Kong, Shatin, N.T., Hong Kong
电话 Tel: 852-3943-8524
传真 Fax: 852-2603-7854
电邮 E-mail: rccpc@cuhk.edu.hk
网址 Website: http://phil.arts.cuhk.edu.hk/rccpc

─目录─

古代中国的两个二律背反

李 锐[*]

内容提要：古代中国人在讨论宇宙生成论的过程中，发现了两个二律背反，一个是关于天地万物之开始是有还是无的"二律背反"，一个是关于第一因、初始动力是"莫为"还是"或使"的二律背反，和康德《纯粹理性批判》中的第一、第三两个二律背反相近。与康德解决二律背反的方法不同，古代中国人用道和物的关系来解决这两个二律背反。这表明了古代中国人所达到的理论深度。可惜的是，他们的讨论和解决方法，在后世未能继续。

关键词：二律背反，庄子，齐物论，则阳，康德

古代中国人对宇宙生成论有很多探究和争鸣，围绕天地万物的开始和宇宙生化的动力，有许多不同的说法。最终他们发现了两个二律背反，可惜后世少有人措意，并且在"道"的名义下，将这个问题淡化了。康德的四个二律背反，也是在对宇宙论的讨论中提出来的，而且叔本华还说康德的第三、第四两个二律背反讲的是同一回事，没有根本的区别。因此，古代中国人所达到的理论深度，实在令人赞叹，值得认真研究。

一、天地万物的开始

《庄子·齐物论》中，有一段有名的话：

> 有始也者，有未始有始也者，有未始有夫未始有始也者。有有也者，有无也者，有未始有无也者，有未始有夫未始有无也者。俄而有、无矣，而未知有、无之果孰有孰无也。

---

[*] 北京师范大学历史学院史学研究所教授。（电邮：lir99@126.com）

这里是《庄子》在追问"始"，但一说到一个开始，那么就有开始之前的开始。细味《庄子》所暗含的意思，当是针对时人有云最先的开始时是"无"或"有"，《庄子》遂逆推而上至未始有此分别之先。《恒先》所说"恒先无有"，就是在讨论有关的问题；帛书《道原》也说"恒先之初"①，可见"恒先"是为了讨论方便所设定的最初之先。《恒先》说"恒先无有"，就是说在最初没有"有"，《庄子·庚桑楚》也说："天门者，无有也。万物出乎无有。有，不能以有为有，必出乎无有，而无有一无有。"《庄子·天地》则说"泰初有无，无有无名"，在最初有的是"无"。与此相反的是《庄子·知北游》篇记冉求和孔子的对话，孔子说及"有先天地生者物邪？物物者非物。物出不得先物也，犹其有物也。犹其有物也无已"。这是否定有先天地生者，因为若是最初有物，那么物之初还有物（《庄子·达生》也记关尹说"凡有貌象声色者，皆物也，物与物何以相远？夫奚足以至乎先"），所以"无古无今，无始无终"，一切皆流，无有止境。《庄子》的《庚桑楚》和《天地》篇，以及《恒先》貌似以"无"或"无有"解决了《庄子·知北游》的难题，但是《庄子·齐物论》很明显是对"无"或"有"均持否定态度。

《墨经》也讨论了"有""无"的问题，《经下》说"无不必待有，说在所谓"，《经说下》："无：若无焉，则有之而后无。无天陷，则无之而无。"②《经说下》着重从焉鸟、天陷这样的具体事例来说理，不若《经下》的"无不必待有"讲得抽象。若发展《经下》之义，或也可以说墨家同意无在有之先。

所以由这里的讨论可以知道存在一个关于天地万物之开始的"二律背反"：

正题　天地万物有"始"，它是"无"或"有"。
反题　天地万物无"始"，"无"或"有"都是无已的。

---

① "恒先"，原释"恒无"，李学勤释读为"恒先"。近来也有学者认为仍当读为"恒无"，恐非是。参李学勤：《帛书〈道原〉研究》，《古文献丛论》（上海：上海远东出版社，1996），页162—167；李锐：《"恒"与"极"》，《中国文字》2011年第36期，页17—26。
② 王赞源主编：《墨经正读》（上海：上海科学技术文献出版社，2011），页128—129。

中国古代的"无"是无形之意,所以无论设定天地万物的开始是"无"还是"有",它都还可以向前追溯。这接近于康德第一个二律背反中关于时间开端的问题:

> **正题** 世界在时间中有一个开端,在空间上也包含于边界之中。
>
> **反题** 世界没有开端,在空间中也没有边界,而是不论在时间还是空间方面都是无限的。③

《老子》第 25 章或许是在回答这样的一个二律背反,用"道"来超越"无"和"有",作为天地万物的开端:"有物混成,先天地生。寂兮寥兮,独立不改,周行而不殆,可以为天下母。吾不知其名,强字之曰道。强为之名曰大。"先天地生的道,是一个"物"④。虽然《老子》里的道是超越于物之上的,但是作为一个描述,道还是可以被称为物⑤。《老子》第 52 章也说"天下有始,以为天下母",均是以道为"始"。"道"既然超越于物,所以它既不是"有"也不是"无",它之前没有更在前的东西。《老子》第 4 章说:"道冲而用之,或不盈。渊兮似万物之宗……吾不知谁之子,象帝之先。"《庄子》《恒先》等篇都是以"无"或"有"为始,这或许表明在当时的思想界,这是一个热点问题。很可能这个问题始源的年代要早于老子,老子遂用道来解决这个难题。

二、或使与莫为

有关宇宙论的争论,还产生了第二个二律背反。物之生、化,其动力是来自何处?《老子》讲无为而物自化,其物之生、化乃得益于道的运作,是谓"道生之"。但是对于"自生"之说而言,是什么东西使之生、化,则不得而知。《恒先》用"或",《庄子·齐物论》则谈到:"喜怒

---

③ 康德著,邓晓芒译、杨祖陶校:《纯粹理性批判》(北京:人民出版社,2004),页361。将《齐物论》之言和康德的"二律背反"相对照,牟宗三已经论及。参见牟宗三讲述、陶国璋整构:《庄子齐物论义理演析》(台北:书林出版有限公司,1999),页131—154。

④ "物",郭店简作"㨑",或读为"状",或读为"象"。疑读为"状",因为《老子》讲"大象无形"。郭店简没有"周行而不殆"这一句。

⑤ 《老子》第 21 章也说"道之为物,惟恍惟惚"(帛书、北大简本作"道之物")。

哀乐，虑叹变熟，姚佚启态；乐出虚，蒸出菌。日夜相代乎前，而莫知其所萌……不知其所为使。若有真宰，而特不得其朕（眹）。"是说仿佛有"真宰"使之然，然而这个"真宰"的朕兆、情形不可知。对此生、化的动力，古人有两种说法："或使""莫为"。"或"与"莫"的相对已经见于《周易·益卦》上九爻辞："或击之，莫益之。"或使与莫为之说的思想来源，或以为从西周时就已经出现了，与天命之说有关⑥。大约孔子说："天何言哉？四时行焉，百物生焉，天何言哉？"（《论语·阳货》）算得上是一种莫为说，因为后来孟子也说"莫之为而为者，天也"（《孟子·万章上》）。然而孟子也说到"天"之"或使"："行，或使之；止，或尼之。行、止非人所能也。吾之不遇鲁侯，天也。臧氏之子，焉能使予不遇哉？"（《孟子·梁惠王下》）但是这些言论，只能表明当时人已接受了这样的思想观念，尚不是理论性的思辨。

《庄子》杂篇《则阳》记有"少知"与"大公调"的四段对话，其后两段对话是这样的：

> 少知曰："四方之内，六合之里，万物之所生恶起？"
>
> 大公调曰："阴阳相照、相盖、相治，四时相代、相生、相杀，欲恶去就于是桥起，雌雄片合于是庸有。安危相易，祸福相生，缓急相争，聚散以成。此名实之可纪，精微之可志也。随序之相理，桥运之相使，穷则反，终则始。此物之所有，言之所尽，知之所至，极物而已。睹道之人，不随其所废，不原其所起，此议之所止。"
>
> 少知曰："季真之'莫为'，接子之'或使'，二家之议，孰正于其情？孰偏于其理？"
>
> 大公调曰："鸡鸣狗吠，是人之所知；虽有大知，不能以言读其所自化，又不能以意【臆】其所将为。斯而析之，精至于无伦，大至于不可围。或之使，莫之为，未免于物，而终以为过。或使则实，莫为则虚。有名有实，是物之居；无名无

---

⑥　王晓昕：《先秦哲学中"或使"与"莫为"之争发展的三个阶段》，《贵阳师专学报（社会科学版）》1989 年第 2 期，页 1—8。

实，在物之虚。可言可意，言而愈疏。未生不可忌，已死不可阻。死生非远也，理不可睹。或之使，莫之为，疑之所假。吾观之本，其往无穷；吾求之末，其来无止。无穷无止，言之无也，与物同理；或使、莫为，言之本也，与物终始。道不可有，有（又）不可无。道之为名，所假而行。或使、莫为，在物一曲，夫胡为于大方！言而足，则终日言而尽道；言而不足，则终日言而尽物。道、物之极，言、默不足以载；非言非默，议其有极。"⑦

第一段对话的主题是讨论万物的起源，大公调说"睹道之人，不随其所废，不原其所起，此议之所止"。有道之人不讨论这个问题——实际上这和上述第一个二律背反相关，也是以道来解决这个问题。第二段对话的主题是讨论使万物运动的"莫为""或使"二说。少知、大公调，不过是托名人物；但是季真、接子，则实有其人⑧。由此段文字反推，不难得出季真持"莫为"之说，接子持"或使"之说，应当是当时学术界的著名理论。成玄英在疏中指出"季真、接子，并齐之贤人，俱游稷下"⑨，以为二人都是稷下先生。接子是稷下先生可以确定，季真是不是稷下先生，今天还难以考定⑩。郭象的注说："季真曰，道莫为也。接子曰，道或使。或使者，有使物之功也。"成玄英疏说："莫，无也。使，为也。"⑪将"莫为"与"无为"相对应。似乎郭象、成玄英对此二人的学说很熟悉，"莫为""或使"二说所谈论的是道与物的关系问题。其实不然，他们所说和《庄子·则阳》上下文并不契合，是强为注疏⑫。

"莫为"与"或使"，即是莫之为与或之使。这两种思想的争论，略

---

⑦　王叔岷据成玄英疏，"疑正文意下本有测字"，见王叔岷：《庄子校诠》（北京：中华书局，2007），页1037—1038。按：王说可从。今疑"意"下脱重文符，疑本当读为"意臆"，"臆"即是"测"。下引《庄子》文据王本。

⑧　参见钱穆：《先秦诸子系年》（北京：商务印书馆，2001），第79、138章。

⑨　郭庆藩：《庄子集释》（北京：中华书局，1961），页916。

⑩　杨柳桥认为季真就是环渊，见杨柳桥：《先秦哲学"莫为"、"或使"二说探微》，《天津师范大学学报》1984年第4期，页28—30。恐非是。

⑪　郭庆藩：《庄子集释》，页916。

⑫　参见杨柳桥：《先秦哲学"莫为"、"或使"二说探微》。

见于《管子》。《管子·白心》中说："天或维之,地或载之……夫天不坠,地不沉,夫或维而载之也夫……夫不能自摇者,夫或摇之。夫或者何? 若然者也,视则不见,听则不闻,洒乎天下满,不见其塞。集于颜色,知于肌肤,责其往来,莫知其时。"学界多认为《管子》书和稷下学者有关,由上引《白心》主张"或使"来看,或可能与接子思想有一定关系。综合《庄子·则阳》《白心》来看,"莫为""或使"二说所讨论的,就是生化动力的问题⑬。可惜季真、接子的学说没有完全保存下来,今日难闻其详。《恒先》里讲气是自生,但是也说"自厌不自牞,或作。有或焉有气",可见气之自生的动力,是源自或使。由于"或"是不定的,所以可以囊括许多东西,包括道。

《庄子》中有不少章节是在讨论这个问题⑭。比如内篇《齐物论》开篇所谈"天籁""地籁"的问题,南郭子綦说:

> 夫大块噫气,其名为风。是唯无作,作则万窍怒呺。……厉风济则众窍为虚。……夫吹万不同,而使其自己也,咸其自取,怒者其谁邪!

这里有自使(使其自己)、自取。这只是就万有不同者而言(地籁之万窍),地籁之不同,在于其自己之不同,是自取自为,并没有所谓"怒者"。然而使风作风济(止)者的天籁,尚是未知。这个问题,在此篇

⑬　冯友兰认为"莫为"与"或使"是针对第一个问题"万物之所生恶起"的两种回答,讨论的是"世界开始的问题"。见冯友兰:《三论庄子》,《中国哲学史论文二集》(上海:上海人民出版社,1962),页329—330。但是他在此前认为这里所讨论的是"天地万物的生成者及主宰者"的问题,也引到了《管子·白心》(认为是宋尹学派的理论),见冯友兰:《论庄子》,《中国哲学史论文二集》,页298—299。冯的这一改变可能是因为大公调的第二段回答里有"吾观之本,其往无穷;吾求之末,其来无止。无穷无止,言之无也,与物同理"。张岱年《中国哲学大纲》讨论宇宙论的"终始"问题时也引到了这一句。见《张岱年全集》,第2卷(石家庄:河北人民出版社,1996),页169。本文倾向于将"莫为""或使"看作是讨论生化动力这个问题的学说。

⑭　杨柳桥认为《庄子·天运》开篇的"天其运乎……敢问何故?"是"莫为"说,论者提出"一系列的问题,这并不一定是他不知所以然的疑问,而应该是他胸有成竹的主张"(杨柳桥:《先秦哲学"莫为""或使"二说探微》,页30)。但是其下有巫咸祒的答语,可见确是疑问。"巫咸祒",裘锡圭指出为"巫成祒"之误,即《汉志》小说家中的《务成子》,见裘锡圭:《考古发现的秦汉文字资料对于校读古籍的重要性》,《古代文史研究新探》(南京:江苏古籍出版社,1992),页22。

的尾段以一种新的形式重新提了出来：

> 罔两问景曰："曩子行，今子止；曩子坐，今子起，何其无
> 特操与？"景曰："吾有待而然者邪？吾所待又有待而然者
> 邪？吾待蛇蚹蜩翼邪？恶识所以然！恶识所以不然！"

"曩子行，今子止"，不是正对应开篇的风作风济么？"吾有待而然者
邪？吾所待又有待而然者邪"，这其实不仅是"景"的回答，也是"风"
的回答。这个回答，可以看作是对"或使"说的一种质疑：如果存在
"或使"使之若然，那么使"或使"若然的又是什么呢？这是一个可以
顺因果链条无限回溯的问题，无法回答，"恶识所以然！恶识所以不
然！"这表明，古代中国人对于因果链条是有认知的。

《庄子》等书中的自生、自化、自取，乃至倍受推崇的自然等观念，
可以看作是将"或使"的"或"字明确为"自己"。但是这种或使之说
逃不脱追问：使其然者是谁？不论答案是"或"还是"自己"，又可以
追问：使"或使""自然"若然的又是什么？

《庄子》佚文有"故生物者不生，化物者不化"[15]，这里对生物者和
化物者作了规定，或可以看作是对于追问"或使"的一种回应——它
认为存在最终的生物者和化物者，这二者本身是不生不化的。这与
《知北游》中的"物物者非物"思想或有关联。与之相类似的话又见于
《列子·天瑞》所引壶子之言中，上下文作：

> 有生不生，有化不化。不生者能生生，不化者能化化。生
> 者不能不生，化者不能不化，故常生常化。常生常化者，无时
> 不生，无时不化。阴阳尔，四时尔，不生者疑独，不化者往复。
> 往复，其际不可终；疑独，其道不可穷。《黄帝书》曰："谷神不
> 死，是谓玄牝。玄牝之门，是谓天地之根。绵绵若存，用之不
> 勤。"故生物者不生，化物者不化。自生自化，自形自色，自智
> 自力，自消自息，谓之生化、形色、智力、消息者，非也。

---

[15] 参王叔岷：《庄子佚文》，《庄学管窥》（北京：中华书局，2007），页299。

根据"生物者不生，化物者不化"的原理，所谓的"自生自化，自形自色，自智自力，自消自息"，其实是由不生、不化者所掌控的，所以不能称之为"生化、形色、智力、消息"，只能是"或使"。《列子》文中还有不少相关理论，但是因为《列子》一书的时代尚有疑问，目前暂不作讨论。

壶子这个理论显然是对"自生""自化""自为""自取"诸说的一个反动。它也有其思想依据，或许与中国古代众星绕天极旋转而天极不动的宇宙观有关。万事万物自生自化，另有不生不化的真宰"或使"之。然而这种理论依然逃脱不了追问：不生的生物者、不化的化物者，是如何使万物生化的？壶子说"不生者疑独，不化者往复。往复，其际不可终；疑独，其道不可穷"，并引《黄帝书》作解（《黄帝书》文略同于传本《老子》第6章）。"往复"是讲不化者呈现一种有规律的运动；"疑独"可能当读为"凝独"，"独"之意为"一"，"凝独"义近于《老子》的"抱一"⑯，是说不生者抱一守道。然则"疑独"和"往复"类似于道的行为方式，是故不生不化者有可能就是对道的某种说法，壶子引接近于《老子》的《黄帝书》也是一个证据。所以壶子所讲，其实就接近于以道来否认万物的自生自化，道就是"或使"的力量。但是这个道和《老子》所讲的道还是有不同的，它没有直接的"道生之""道生一"等生成内容。

既然这种不生不化者和万物没有直接的联系，那么我们也可以否认道的作用，而说有"莫为"的方式使万物运动。孟子说"莫之为而为者，天也"，这当是比较初级的"莫为"之说，"天"可以被虚化、否认。可以认为根本没有某种力量直接作用于万物，这就是莫为。莫为之说发展到的高级阶段，尚没有直接的先秦资料，直是到郭象那里，才得到比较好的运用⑰。我们不妨参看一下他的注释。对于《庄子·则阳》一段，郭象明确说："物有自然，非为之所能也。由斯而观，季真之言当也。"⑱对于"夫大块噫气，其名为风"一段，郭象说：

---

⑯ 参见李若晖：《〈列子〉校正》，《语言文献论衡》（成都：巴蜀书社，2005），页132—133。

⑰ 参见李锐：《"或使"与"莫为"》，《中国哲学史》2009年第4期，页34—41。

⑱ 郭庆藩：《庄子集释》，页917。

夫噫气者，岂有物哉？气块然而自噫耳。物之生也，莫不块然而自生……夫天籁者，岂复别有一物哉？即众窍比竹之属，接乎有生之类，会而共成一天耳。无既无矣，则不能生有；有之未生，又不能为生。然则生生者谁哉？块然而自生耳。自生耳，非我生也。我既不能生物，物亦不能生我，则我自然矣。自己而然，则谓之天然。天然耳，非为也，故以天言之。【以天言之】所以明其自然也，岂苍苍之谓哉！而或者谓天籁役物使从己也。夫天且不能自有，况能有物哉！故天者，万物之总名也，莫适为天，谁主役物乎？故物各自生而无所出焉，此天道也。⑲

这里将一切归为"自生""自然"，将风也归为"气块然而自噫"，同时认为并非如《庄子·齐物论》所说有所谓"天籁"使地籁自为，取消了"天籁"，将一切归为自然、天然。但是"天然"之天并不是"苍苍之谓"，只是万物之总名而已，实际上是物各自然。这显然已经虚化了孟子的"莫之为而为者，天也"之"天"。这里没有"生生者"——也就是认为一切自然无待，背后没有"或使"，如果有什么东西，那也只是"莫为"（"天然耳，非为也，故以天言之。【以天言之】所以明其自然也，岂苍苍之谓哉"）。不过须要注意的是，这里郭象认为"无"不能生有。这种观念应该是受到佛教思想的影响，这里的"无"是空无，不是《老子》那里的无形之"无"。

对于"罔两问景"，郭象解释为：

世或谓罔两待景，景待形，形待造物者。请问：夫造物者，有耶无耶？无也？则胡能造物哉？有也？则不足以物众形。故明众形之自物而后始可与言造物耳。是以涉有物之域，虽复罔两，未有不独化于玄冥者也。故造物者无主，而物各自造，物各自造而无所待焉，此天地之正也。故彼我相因，形景俱生，虽复玄合，而非待也。明斯理也，将使万物

---

⑲　郭庆藩：《庄子集释》，页 46、50。

> 各反所宗于体中而不待乎外,外无所谢而内无所矜,是以诱
> 然皆生而不知所以生,同焉皆得而不知所以得也。⑳

这里申说"众形之自物""物各自造",实际是再次否认了有"或使"的"造物者"。"明斯理也,将使万物各反所宗于体中而不待乎外,外无所谢而内无所矜",既不承认有自化的内因,也排除作为"造物者""所待者"的外因。而且此处认为的"无所待",也和《庄子·齐物论》的本文"吾有待而然者邪?吾所待又有待而然者邪"不同。《齐物论》是通过无穷追问来虚化这个问题,郭象则是明确说无所待。"无所待"这个词很可能与佛学思想有关㉑,郭象《庄子注》中还有一些语录与佛理相近㉒,体现了魏晋时期援佛入玄的特点。

因此,如果说在《庄子》中,"或使"之说与自生自化的结合,尚有疑问的话;那么到郭象之时,"莫为"之说与自生自化自然无待的结合,就足以解决不少疑义了。当然,自然"莫为"之说,在郭象手中运用起来非常独断,像"世或谓罔两待景,景待形,形待造物者"、"彼我相因,形景俱生"这些问题,他的解释倾向于统统斩断"或使"的因果链条,不承认彼此关系,认为是"无所待","虽复玄合,而非待也"、"化与不化,然与不然,从人之与由己,莫不自尔,吾安识其所以哉"——即便是大家都认为有因果关联的,他解释起来也要偏向自然"莫为"。对于众说纷纭的"道",郭象也将之废黜掉。在内篇《大宗师》"夫道,有情有信"一段的注中,郭象说:

> 道,无能也。此言得之于道,乃所以明其自得耳。自得
> 耳,道不能使之得也;我之未得,又不能为得也。然则凡得
> 之者,外不资于道,内不由于己,掘然自得而独化也。㉓

⑳ 郭庆藩:《庄子集释》,页111—112。
㉑ 何晏在《无名论》中提出了"无所有",此词来自佛经。参见王晓毅:《佛教译经与何晏〈无名论〉》,《儒释道与魏晋玄学形成》(北京:中华书局,2003),页53—63。
㉒ 参见王晓毅:《般若学对西晋玄学的影响》,《哲学研究》1996年第9期,页61—66,80。
㉓ 郭庆藩:《庄子集释》,页251。

把自生归于独化自得,把自得和外在的"道"分离,也和内在的"己"分离。显然,前文引《庄子》佚文及《列子》,是接近于以"道"来调和"或使"与"莫为"之说的。郭象不仅否认了"道",而且大概是因为这个原因,他将那一段《庄子》文也删去了,而向秀的注则保留了对《庄子》佚文的解释[24]。

对于《知北游》的冉求与孔子问对一段,郭象注说:

> 谁得先物者乎哉?吾以阴阳为先物,而阴阳者即所谓物耳。谁又先阴阳者乎?吾以自然为先之,而自然即物之自尔耳。吾以至道为先之矣,而至道者乃至无也。既以无矣,又奚为先?……明物之自然,非有使然也。[25]

这里郭象也讨论了万物开端的问题,仍是以自然为说。但是郭象把"道"解释为"至无",认为在物之先无物,一切都是物之自然,无所谓先后,没有或使。

不过郭象自生独化"莫为"之说也并不是没有解释疑难。既然"莫为",那么由《庄子》而来的所谓的"自生""自得""自然"之"自",就是偶然如是("外不资于道,内不由于己"),这个"自",就只是一个虚设的词而已。所以不是郭象注《庄子》,而是《庄子》注郭象,郭象的《庄子注》是要解决当时名教与自然的矛盾。此外,郭象又创造了"独化于玄冥之境"一说来补充其解释,对此,前贤评说已多。本文要强调的是郭象在《田子方》注中所说的"夫有不得变而为无,故一受成形,则化尽无期也"[26],这表明郭象的"莫为"重要的还是在于强调万"有"的开始原因是"莫为",此后不尽的"化",虽然没有外因"或使",但其"独化"的内在原因,王晓毅指出是"性""本性","玄冥"是"本性"的别名[27]。万物如何"独化于玄冥之境"?其实只是因其性分,无

---

[24] 见杨伯峻:《列子集释》(北京:中华书局,1979),页4。

[25] 郭庆藩:《庄子集释》,页764。按:标点不全依原书。

[26] 同前注,页708。

[27] 王晓毅:《"自生独化"说与"性"本体论》,《儒释道与魏晋玄学形成》,页281—297。

为而任其自为而已。郭象注《秋水》时说:"无为者,非拱默之谓也,直各任其自为,则性命安矣。"㉘所以汤用彤指出:"万物各有性分,性不可逃。一物无性分前,完全不受决定,一有性分,即绝对受决定。一物有什么性分,为什么留一方或滞一方,则为偶然的。王弼说一切皆决定,皆有其理,皆受因果律支配。郭象说一切皆'自然','自然'有偶然义,与王弼异,就这方面说,其说甚崇自由……万物独化,皆不知其所以然而然,独化于玄冥之境者为能大顺。"㉙所以万物独化的内因虽是性,但是性分之所得,则是偶然的,"莫为"的。有了性分,块然自生之后,万物便是"或使"的,受支配的了。虽然没有外因"或使",但是仍逃脱不了性分的支配。在古代中国,或使之说是主流,莫为之说到郭象这里才得到发展。以往学界对于郭象自生独化理论的思想渊源,多强调佛学的影响,似乎较少注意季真"莫为"之说这个思想根源。

由此不难猜想先秦季真的"莫为"之说,当是与"或使"之说相对而相承,是强调第一因、初始动力是"莫为"而非"或使",其后则顺"或使"而受因果律支配而变化,可能是要解决"或使"说无穷追溯的困难而生之说。

所以,或使与莫为之争,就出现了第二个二律背反。"或使"可以无穷追问,无穷回溯;"莫为"则仿佛一个生化的开端,过此以往,则一切都可以推理而出。西方的因果律仿佛"或使",也是可以无穷回溯的;而自由则仿佛"莫为",给予了一个偶然的开端,由此因果律才可以开始因果推理。但是偶然的开端与可以无穷回溯的必然因果律是矛盾的,"或使"与"莫为"是相对立的。关于"或使"与"莫为"的二律背反,我们可以参看康德提出的纯粹理性的第三个二律背反:

正题 按照自然律的因果性并不是世界的全部现象都可以由之汇出的惟一因果性。为了解释这些现象,还有必要假定

㉘ 郭庆藩:《庄子集释》,页369。可参戴琏璋:《非有非无与即有即无》,《玄智、玄理与文化发展》(台北:中研院中国文哲研究所,2003年再版),页265—276。

㉙ 汤用彤:《崇有之学与向郭学说》,《魏晋玄学论稿》(上海:上海古籍出版社,2001),页191。

一种由自由而来的因果性。

反题 没有什么自由，相反，世界上的一切东西都只是按照自然律而发生的。㉚

由之可以设定为：

正题 "或使"说无法作为惟一原因解释天地万物的生化，必须假定由"莫为"而来的原因。

反题 没有"莫为"，天地万物的生化都是由"或使"而来的。

康德用纯粹理性的界限、物自体与现象的区别来解决宇宙论探讨过程中出现的二律背反的疑难，古代中国人则是用"道"来解决二律背反。《庄子·则阳》通过分离"道"与"物"，将"莫为""或使"归结为"物"，将"道"看作万物生化的最后根本来调和"莫为"与"或使"的矛盾㉛。因此，也有人将古代中国超越于物之上的"道"，来和康德的"物自体"相比较。其实，大公调所说的"此物之所有，言之所尽，知之所至，极物而已。睹道之人，不随其所废，不原其所起，此议之所止"，和康德的理性之界限，更有可比性。

古代中国的两个二律背反，说明古代中国人在探索宇宙生成论的过程中，其思维达到了一定的深度。康德四个二律背反中，最重要的是第三个，他是要探讨自由和必然的关系问题。而魏晋玄学所争辩的名教与自然的关系问题，对于古代中国而言，也是非常重要的。牟宗三将之说为自由与道德的冲突㉜，是有点现代化式的反溯。郭象最后的解决，是否认了道，以物为根据自身的性分而自生自化，足其性分皆为逍遥，由此认为名教与自然并无差别。对于这种解决方式，不同的人可能会有不同的看法，此则不是本文所要讨论的内容了。

㉚ 康德著，邓晓芒译、杨祖陶校：《纯粹理性批判》，页374。

㉛ 《列子》中壶子之言及《庄子》佚文，本来也是以略近于"道"的解释来说"或使"的。但是所设定的不生不化者，和万物的关系稍远，此种解释留有缺陷，某种程度上也可以说是一种"莫为"而万物自生自化。

㉜ 牟宗三：《才性与玄理》（长春：吉林出版集团有限责任公司，2010），页313。

道家的气化与规范
——孟柯力量美学的启示

钟振宇*

内容提要：本文探讨道家的气化哲学如何开展出规范性，主要是透过道家与法兰克福批判理论的对话来进行。孟柯（Christoph Menke）是德国法兰克福学派批判理论的继承者，他主要是透过尼采诠释沟通存有论与社会规范之关联。孟柯除了强调尼采的美学，也进一步提出美学与政治社会实践相关联的可能性。这种思路，对于道家思想有启发的作用，尤其是探讨气化存有论与外王面的社会实践的关系。在道家方面，《黄帝四经》作为黄老道家的思想，试图将道落实到人间政治，并且开显法度规范的超越意涵。这种探讨规范的存有论根据之思路，对于当代开展道家外王面的思想，具有本质上的相关性。

关键词：道家、孟柯、气化、规范

孟柯（Christoph Menke，1958—）是德国法兰克福学派批判理论的继承者，主要是透过尼采诠释沟通存有论与社会规范之关联。孟柯除了强调尼采的美学，也进一步提出美学与政治社会实践相关联的可能性。这种思路，对于研究道家思想——尤其是探讨道家存有论与外王面的社会实践的关系——有启发的作用。

一、孟柯的力量美学

（一）力量与官能的区分与关联

孟柯批判包姆嘉登（Alexander Gottlieb Baumgarten，1714—1762）以来的美学发展，强调赫尔德（Johann Gottfried von Herder，1744—1803）所提出的幽暗美学概念，重点在于对"力量"一词的理解。

传统美学作为对于感性的探讨，分化为下列路线：笛卡儿认为感

---

* 台湾中研院中国文哲研究所副研究员。（电邮：lenz711@gmail.com）

性是昏暗的,但莱布尼兹认为感性也可以是清楚的①。不同于笛卡儿认为感性是不确定的,莱布尼兹追问感性活动的内在原理(das innere Prinzip der sinnlichen Tätigkeit)。此后跟随莱布尼兹追求感性的内在原理的路线分为两路:包姆嘉登认为感性活动的内在原理是属于“官能”(Vermögen),赫尔德则认为感性活动的内在原理属于“力量”(Kraft, 23—24)。

对于包姆嘉登来说,官能也是力量,他并未区分官能与力量的领域。但是赫尔德认为官能还不是力量,官能作为主体的实践能力之来源,可以透过社会习练(soziale Übung)而养成(Kraft, 65)。官能、主体是有待习练的、待教育的。成为一个主体意味着能够做某事(etwas zu können),主体是一位“能够者”(Könner)。有官能意味着主体能够以行动(Handlung)实践某事。行动又意味着透过练习(Übung)与学习(Lernen),能够对新的处境重复实现一种普遍形式(这种普遍指“形式”与“概念”)。在实践普遍形式时,又必须带有自我意识在其中②。

然而,人类除了作为主体之外,还有比主体更深的根源,这就是力量游戏。赫尔德探讨“人”如何生成为“主体”:“人的自我认识是对于人如何生成为主体的认识。”(Kraft, 49)对于赫尔德来说,美学即是人类学,他追寻的是美学人类学。美学人类学追问人的美学本性(ästhetische Natur),美学本性是“主体”的开端(Anfang)与无据(Abgrund)③(Kraft, 66)。人并非一生下来就是主体,而是必须透过教育而成为主体,并因而练习形式。人在成为主体之前是什么? 不是一无所有,而是一种感性存在。这种感性是一种黑暗力量,或说是想象力。只因为人类是感性存在,他才能进一步成为主体。(“人”[Mensch]是前主体的,与“主体”不同。)然而,成为主体意味着黑暗力量的中断,而以理性意识、自我意识作为主导。力量不是完成某事

---

① Christoph Menke, *Kraft. Ein Grundbegriff ästhetischer Anthropologie* (Frankfurt/M.: Suhrkamp, 2008), p.26. 以下引用时简称 *Kraft*,并于书名后列出页码。

② Christoph Menke, *Die Kraft der Kunst* (Berlin: Suhrkamp, 2013), pp.34 – 35.

③ “无据”是超越因果性关系的始源,海德格也常常以此概念说明存有的超越因果性。见 Martin Heidegger, *Bremer und Freiburger Vorträge*, GA79 (Frankfurt/M.: Vittorio Klostermann, 1994), p.113。

的力量、能力，而是力量本身。力量以游戏的方式作用着，它对于它所产出者（Hervorgebrachte）并没有指向固定的方向、普遍形式与规范。

力量与官能的区分，是孟柯讨论力量美学的中心。有"官能"代表着成为主体，成为主体意味着能够做某事（etwas zu können）。成为主体也是指透过练习与学习而学会某种行动或社会实践。"力量"也与官能一样，可以在活动中实现，但又与官能不同。官能是主体的，但力量是"前主体的"。主体官能的活动是自我意识到的、自我控制的。但是力量是"自然的"（von selbst），其影响不是主体主导的，也不被主体所意识到。官能实现了社会实践的普遍形式（allgemeine Form），但是力量则是"成形的"（formierend）、"无形的"（formlos）。官能指向成功，而力量没有目的与标准。力量的作用是游戏，在游戏中我们是前主体的（vorsubjektiv）、超主体的（übersubjektiv）；是主动的，但无自我意识④。力量是官能的根据、可能性条件（Kraft, 81）⑤。官能主体由力量游戏而来（aus dem Spiel），但又对立于力量游戏（gegen dem Spiel）（Kraft, 69）。力量具有"存有论的"优先性。

力量游戏又可以称为"迷醉"（Rausch）。迷醉不是被动的醉醺，而是主动的力量提升与力量充满。迷醉是无意识的、感性的（sinnlich）活动，这种感性指向想象力（Einbildungskraft），是主体形成之前的开端状态（anfänglicher Zustand）、前主体状态，是一种超越根据律、因果律的"无根据、深渊"（Abgrund）。迷醉是一种回返（Rückkehr），也就是回返到主体之前的黑暗力量游戏。相对于主体的"能够"，迷醉本质上是"无能"（Unfähigkeit）。

（二）力量与官能的沟通：美学化

力量作为官能的"无据的根据"，是如何展现为官能的？孟柯似乎不由这个方向立论，而是由"官能如何回归于力量"的角度立论。孟柯认为，实践主体的中断（Einbruch）处显现了力量与美学本性（Kraft, 68）。"中断"或不连续性，说明了官能与力量的异质性。官

---

④　Menke, *Die Kraft der Kunst*, p.13.
⑤　亦见同前注，页170。

能中断后回归(Regression)幽暗的力量或美学本性(*Kraft*, 69),这种回归不是主体所为,而是一种美学的能量传递(ästhetische Energie übertragung),也就是一个美学事物影响到心灵,使心灵运动(*Kraft*, 72)。此时"主体"转变为"人"与力量游戏。

在美学游戏中主体回归于力量,但这不表示放弃主体,而是主体的美学转化(ästhetische Transformation)。这种转化是一种"活化"(Belebung),也就是生命力的获得(*Kraft*, 73)。因为官能"曾经"是美学,因此它才能够被转化为美学。

美学不是固定的、存有者的(ontisch)"状态"(Zustand),而是"过程"(Prozeß)。相对于赫尔德由开端的美学出发,Mendelssohn 和 Sulzer 则是由当下的实践出发。(孟柯似乎也是由当下的实践出发。)赫尔德认为美学是独立的状态,但 Mendelssohn 认为美学只是事件、过程、"生成"(Werden),不是独立的状态。美学永远是非美学者的"美学化"(Ästhetisierung)(*Kraft*, 80)。

实践是指社会实践,举凡人透过学习而有的实践均属之,例如行动、认知、说话、感受。此包含精神官能与规范官能,也就是指向规定一实践成功或失败的规范标准。实践的规范性构成了社会的基本结构,对主体来说,也就是需思考如何融入社会规范,被规训(Disziplinierung)为社会的一分子。规训是实践自由的前提,也是社会化的过程。在规训过程中,个体成为主体,能够、有能力(Fähigkeit)在社会中行动⑥。

实践是既有的事实,美学的作用则是实践之美学化过程:"成为美学、美学生成"(Ästhetischwerden)(*Kraft*, 82)。"美学化"指规范实践转变为美学游戏⑦。秩序(Ordnung)、形式、规范(Norm)都必须美学化,并且也都可以美学化,因为它们曾经是美学(ästhetisch gewesen ist)⑧。美学游戏"在"实践中显现、并且"反对"实践而显现(*Kraft*, 87)。美学游戏具有这两种双重面向:在实践世界中、反对实践世界。

实践官能是由自身的他者(也就是指力量)中现身(Hervorgehen)

⑥ Menke, *Die Kraft der Kunst*, p.151.
⑦ 同前注,页116。
⑧ 同前注,页131。

出来,官能的他者铭刻(einschreiben)在官能之中,官能来自力量,并背反于力量而现身(*Kraft*, 105)。就官能与力量的关系而言,"纯粹的官能"并不存在,只存在与力量相关联的官能,因此孟柯认为要探讨的是"官能与力量"(*Kraft*, 106),这个"与""之间"获得重视。

能展现"官能与力量"者是艺术家。艺术家具有特异的矛盾能力,即是"能无能"(können das Nichtkönnen)(*Kraft*, 121)。"能"指官能的能力,"无能"则是力量的游戏,艺术家则处于两者之间。在《艺术的力量》(*Die Kraft der Kunst*)一书中,孟柯强调这种"与""之间",由此书前半部各章节即可以看出:"艺术作品:可能性与不可能性之间"、"美:直观与迷醉之间"、"判断:表达与反思之间"、"实验:艺术与生命之间"。其基本架构是"力量"与"官能"的"之间",当中不可能性、迷醉、表达、生命(广义的艺术实验、艺术的美学式理解)⑨属于力量;可能性、直观、反思、艺术(狭义的艺术实验、制作作品、艺术的制作式理解)属于官能。在此书后半部中,诸主题如"思想""品味""平等"也具有两义性,例如"品味"就区分为大众品味与美学品味⑩,平等则有政治平等与美学平等⑪。而"能"与"无能"之间,总括了上述各种"之间"。

"艺术"是力量与官能之间的通道,艺术是一种吊诡的"能够"(paradoxes Können):"能"与"无能"(zu können, nicht zu können)⑫。艺术不单单是理性官能,也不单单是力量游戏。艺术是理性官能回返力量游戏的场所,也是力量游戏走向理性官能的场所。艺术就是无主体与主体的"之间"。孟柯认为尼采所说的艺术家不光只是处在迷醉的状态,这由"戴奥尼索斯艺术家"(dionysischer Künstler)与"戴奥尼索斯野蛮人"(dionysische Barbarei)的区分可以见出。戴奥尼索斯野蛮人是纯粹的"能够"与意识的不在场,而戴奥尼索斯艺术家显现一种双重性,也就是迷醉与意识、力量游戏与形式图像(Bilden von Formen)的交互影响。或者说,也就是戴奥尼索斯因素与阿波罗因素

---

⑨　Menke, *Die Kraft der Kunst*, p.88.

⑩　同前注,页 134, 147。

⑪　同前注,页 174。

⑫　同前注,页 14。

的交互影响。尼采的艺术家以一种吊诡的方式作为"能够者",他之所"能"就是"无能"(Der Künstler kann das Nichtkönnen)。艺术家同时是野蛮人与主体⑬。

因此,艺术不是社会的一部分、不属于社会实践。参与社会实践有一个行动的结构,以及普遍形式的实现。但我们在艺术中的时候,并不是实践的主体,因为要成为主体代表着实现社会实践的某个形式。艺术是"在社会中,而又自由于社会"(Freiheit vom Sozialen im Sozialen)。

最后,美学不仅是对于美的理论,更是转化文化的运作,也就是对于伦理的个人生命与政治的群体生活的转化(*Kraft*, 107)。实践的美学化过程即是"主体的转化"过程,这种自我转化具有"伦理的—政治的"意涵。美学转化不仅是转化主体,也包含转化客体(*Kraft*, 85—86)。

二、道家与孟柯

(一) 气与力量

首先检视孟柯与道家的"存有论"始源。孟柯显然不使用"存有论"一词。他继承了尼采思想,认为存有被视为流变生成的世界观中虚假的概念;或者说,存有并不具有优先性。相反,活生生的幽暗力量作为世界的始源,具有优先性。有鉴于孟柯继承了许多尼采对于力量的看法,此时检视一下尼采的力量哲学,当有助于进一步厘清孟柯的力量概念。

"力"(Macht)的字源学不像尼采所想的与"制作"(Machen)相关,而是与艺术、"能够"(Können)相关。此字的印欧语系字根是magh-,是"能够"(können)、"有能力"(vermögen)、"足以"(fähig sein)的意思。"力""官能""能力""可能性"都指向现实的可能条件,指向未来⑭。(孟柯与此处字源学的观点不同,孟柯将力量与能力区

---

⑬　Menke, *Die Kraft der Kunst*, p.37.

⑭　Volker Gerhard, *Vom Willen zur Macht: Anthropologie und Metaphysik der Macht am exemplarischen Fall Friedrich Nietzsches* (Berlin: de Gruyter, 1996), p.10.

分开来。⑮)

Simon Sringmann 归纳出尼采的"力"有三种特点：关系性
（Relationalität）、动态性（Dynamik，力的增强之动感）、争斗性
（Agonalität，力与他力的斗争）⑯。"关系性"是指力一定关联到其他
的力。"动态性"是指力量会"增强"（Steigerung），从而超越了"自我
保存"的简单要求，"不是保存，而是占有、想成为主人、想得到更多、
想更强"（N 1888，14[81]；KSA13，261）⑰。"自我保存"对尼采来
说不是最源初的原理，重要的是自我积聚（Akkumulation）、自我扩展
（Selbsterweiterung）（N 1884，26[284]；KSA 11，225）。不管是史宾
诺莎的自我保存，或者是叔本华的生命意志，都是力意志（Wille zur
Macht）的形式（Form）或个别情况（Einzelfall）（N 1888，14[121]；
KSA 13，301）。在"力意志"一词中，"力"与"意志"是重复词
（Pleonasmus）⑱。"力"就是"意志"，"意志"就是"力"。"争斗性"则
是指力意志寻求"阻力、抵抗"（Widerstand），乐趣不在于得到某物，而
在于克服某物，成为主人（N 1888，11[75]；KSA 13，38）。生命是在
克服抵抗之中展现力量。

尼采力量哲学的另一特点是"提升性"。迷醉（Rausch）是"更多的
力量"（Mehr von Kraft）。力量提高一定会有"美化"（Verschönerung）
现象。迷醉是"乐趣状态"（Lustzustand），是高超的力感受
（Machtgefühl）（N 1888，14[117]；KSA 13，294）。身体状态也会改
变：空间感与时间感都有所变化，可以知觉到空间的远方，也可以知
觉到感官的细微处。

以上我们可以看到尼采力量哲学的几个特点：关系性、动态性、
争斗性、提升性。我想孟柯的力量美学也不会反对这些特点，唯一的
差异可能是：尼采的力量概念还是与意志挂勾，而孟柯的幽暗力量比

---

⑮　孟柯并未区分"力"（Macht）与"力量"（Kraft），他主要使用"力量"这一概念。

⑯　Simon Sringmann, *Macht und Organisation. Die Machtkonzeption bei Friedrich
Nietzsche und in der mikropolitischen Organisationstheorie* (Berlin: Duncker & Humblot,
2010), pp.90 - 91.

⑰　Friedrich Nietzsche, *Sämtliche Werke: Kritische Studienausgabe*, Hg. Giorgio Colli
und Mazzio Montinari (Berlin/New York: Walter de Gryter, 1988). 以下简称 KSA。

⑱　Gerhard, *Vom Willen zur Macht*, p.275.

较倾向于海德格所说的"无意欲"（Nicht-Wollen）⑲或"无意志"（Nicht-Wille）。

力量游戏与气的游戏具有层次上的相似性，例如是超越因果性、无据（Abgrund）、无主体（非主体）。对比于道家气论，关系性是气论所强调的，也就是气与气之间的感通的关系⑳。而动态性在道家气论中则展现为气的流动性㉑。气与气之间的争斗性展现为阴气与阳气之间的斗争；对中期海德格与芬克来说，则展现为"世界与大地"（海德格）或"天空与大地"（芬克）的斗争㉒。比较有差异的是力量的提升性（要更强更多），这在道家气论中似乎不是那么强调。如果说力量美学的"更强更多"是更具有生命力的象征，道家气论则是要求"更通畅"。

（二）吊诡的"之间"："力量与官能""为与无为"

孟柯"力量与官能"的区分在道家处可说是"气与形"的区分。庄子有圆与方的隐喻，分别象征气与形、方外与方内。"圆"是道气的隐喻，庄子强调"环中""天倪""天钧"等圆的隐喻，"方"则指向儒家的规矩、规范。在政治社会哲学方面，圆与方的区分被应用于君与臣的关系上，君是与天道相合的"无为"的"圆"，臣则是与人道相合的"有为"的"方"。如《吕氏春秋·圜道》所说："天道圜，地道方，圣王法之，所以立上下。何以说天道之圜也？精气一上一下，圜周复杂，无所稽留，故曰天道圜。何以说地道之方也？万物殊类殊形，皆有分职，不能相为，故曰地道方。主执圜，臣处方，方圜不易，其国乃昌。""主执圜，臣处方"是《庄子》外篇㉓与黄老道家"君无为、臣有为"学说的隐喻式表达。此处可以看到，"气/形"（精气/殊形）的区分与"圆/方（规矩）""君/臣"等区分的关联性。在现代社会，"道、无为"的创

---

⑲　Martin Heidegger, *Feldweg-Gespräche*, GA77（Frankfurt/M.: Vittorio Klostermann, 1994）, p.51.

⑳　参见钟振宇：《庄子的气化现象学》，《中国文哲研究集刊》42 期（2013 年 3 月），页 139。

㉑　同前注，页 112。

㉒　同前注，页 131—132。

㉓　《庄子·在宥》："有天道，有人道。无为而尊者，天道也；有为而累者，人道也。主者，天道也；臣者，人道也。"

造力不必局限在君主身上,而是在每一规矩中都可以展现其解构力量,这是孟柯学说的启发。

孟柯力量与官能的区分,在中国哲学的问题意识中类似者有魏晋"自然/名教"之区分。此外,老子说:"知其白,守其黑。"(《老子》28章)孟柯即是把力量称为"幽暗、黑暗",当然,他没有把官能称为"白",但是作为官能之统合之理性,传统西方也称为"理性之光"。老子说:"用其光,复归其明。"(《老子》28章)"光"与"白"相关。海德格也喜欢引用《老子》28章,以"光"来比喻科技。

力量与官能的区分也可以说是两种善的区分。孟柯借由善的双义性探讨艺术与道德的关系,道德只是"行动的善",而艺术是"自身的善"。相对于道德,艺术是"非道德"。非道德的善、非道德的另类计画是"善的生活"的追寻,善是在日常生活中的每一细节中呈现(*Kraft*,124—126)。两种善的概念分属于游戏(运动)的善与行动的善,两者有所区别,然而又互相需要(*Kraft*,128)。这两种善的区分无疑地类似老子两种德的区分:"上德"与"下德"。"上德"是超道德、超行动的善,"下德"属于道德、理性的范围。

孟柯认为力量即在官能中呈现,用道家的问题意识,也就是自然在名教中呈现。孟柯这个看法,笔者认为是一种"内在的超越"之态度。他认为叔本华与尼采分别代表对于生命的两种态度:叔本华是"生命之美学超越"(ästhetische Transzendenz des Lebens,指向于放弃生命),尼采则是"生命之美学逾越"(ästhetische Transgression des Lebens,指向于肯定生命)㉔。这种"逾越"是内在的超越。很显然的,孟柯会赞成尼采的态度。

孟柯追求的是"官能与力量"的"与、之间",力量是在社会中显现、却又自由于社会,这无疑地与郭象迹冥圆融的思想相呼应,但是又不像郭象一般失去了批判力量。用笔者的话来说,孟柯属于"批判的逍遥":既具有力量游戏的逍遥,又有社会批判㉕。实现"官能与力量"的"与、之间"的艺术家"能无能",开启了下述对于道家"为无为"

㉔ Menke, *Die Kraft der Kunst*, p.51.

㉕ 关于"批判的逍遥",参见钟振宇:《批判的气论——庄子气论之当代开展》,《中国文哲研究通讯》23卷4期(2013年12月),页153—154。

的崭新阐释。

"为无为"出现在《老子》第 3 章及 63 章㉖，重点是在"无为"，"为"只是"从事、做"的意思。参考孟柯的启发，"为无为"可以另类诠释为"为与无为"，介于"有为"与"无为"的"吊诡的之间"。也就是说，"无为的道"与"有为的规范"同样受到重视。这与道之"无为而无不为"（《老子》37 章）仍有差异。"无为而无不为"是由道的角度说明道的体用关系，而"为与无为"则更强调"有为"规范性之开出。类似地，庄子提到"出为无为"，以"无为"的方式去"出为、有为"，这也是连结有为与无为的一种模式：出为与无为。另一说法则是统合老子的"为道"与"为学"。老子强调"为道"的侧面，而当代中国哲学的问题则是"为学"、实践、新外王如何纳入于道的问题㉗。下面举例试论之。

（三）道与规范的问题：以《黄帝四经》的"道生法"为例

无为如何开出有为的规范性？《黄帝四经》中提到"道生法"，这是连结存有论与社会实践的尝试。《黄帝四经》作为黄老道家的思想，试图将道落实到人间政治，并且开显法度规范的超越意涵。这种探讨规范的存有论根据之思路，对于当代开展道家外王面的思想，具有本质上的相关性。今日的课题，是回应西方现代性的问题。

在对于外王的陈述上，《黄帝四经》提出"道生法"的思想，试图为人世规范找到神圣源头㉘。"法"首先是法度、规则或"最高位社会政治规范"㉙，其次才是具体的法令。除了"道生法"这一顺向的创生之

㉖ 《老子》第 3 章："为无为，则无不治。"63 章："为无为，事无事，味无味。"

㉗ 审查者提到："与其说孟柯言'能无能'与道家言'为无为'之间有相似吊诡结构，毋宁说孟柯言'能无能'与道家言'无为而无不为'之间有相似吊诡结构更加切题与符合两家原来之立场。"其实本文所言"为无为"与"无为而无不为"具有相近含义，"为无为"在本文中可以解为"无不为而为"，倒反之也就是"无为而无不为"。"为无为"不仅只是强调"无为"而已，更是要强调"有为规范"之重要性。而本文的"为无为"与"无为而无不为"的差异在于，"无为而无不为"包含一种体用架构（无为是体，无不为是用），而"为无为"之吊诡包含了一种由超主客的"无为""坎陷"为主客对立的"有为"规范之意涵。若要用"无为而无不为"之说明"能无能"，也需要强调"无为而无不为"之吊诡关联，而不是体用意涵。

㉘ 林俊宏：《〈黄帝四经〉的政治思想》，《政治科学论丛》13 期（2000 年 12 月），页 31。

㉙ 同前注，页 35。

外，《黄帝四经》也提出法返归于道、一的逆向返归㉚。此逆向返归的
法归结于"成法"，也就是最高的、唯一的"一法"。这个"道生法、法返
道"的往还运动，一方面说明了道落实于人世间的具体实践规范，另
一方面也为此一具体规范提供了存有论的超越依据。

《黄帝四经》对于道法关系的说明，还有一个重要的中间项——
名。"名"与"法"都是规范㉛，但是"名"在某程度上可以说是道与法
的中介㉜。相对于老子强调道的无形、无名，《黄帝四经》更强调道现
实化、具体化之后的"形名"的重要性，如《称》篇说："道无始而有应。
其未来也，无之；其已来，如之。有物将来，其刑（形）先之。建以其刑
（形），名以其名。"万物之产生、"有"，对于道家来说，是先有"形"或
"形名"，如《经法·道法》篇说："虚无有，秋毫成之，必有刑（形）名；
刑（形）名立，则黑白之分已。""形名"是社会政治建构上的第一步，不
管多小的事物（如秋毫），只要它成为事物，就有形名。此处的"形"，
已经不仅是宇宙论或物理学的概念，而是具有政治哲学的意涵。《十
大经·观》说："黄帝令力黑浸行伏匿，周流四国，以观无恒，善之法
则，力黑视象，见黑则黑，见白则白。"原始本是浑沌一片，"名"的设立
是人文、秩序化的第一步表现。"见黑则黑，见白则白"是命名的开
始，并且此处的命名不仅是语言哲学的问题，更牵涉政治哲学中治与
不治的问题（如下述）。

形名是社会上正物（规范事物）的依据，如《经法·道法》说："名
刑（形）已定，物自为正。"执道者立名之后，进一步审查名与形是否相
符，作为治与不治的判准，如《经法·论约》说："故执道者之观于天下
也，必审观事之所始起，审其刑（形）名。刑（形）名已定，逆顺有立
（位），死生有分，存亡兴坏有处，然后参之于天地之恒道，乃定祸福死

㉚ 《十大经·成法》："黄帝问力黑：'唯余一人，兼有天下，滑民将生，年辩用知，不可
法组，吾恐或用之以乱天下。请问天下有成法可以正民者？'力黑曰：'然。昔天地既成，正
若有名，合若有刑（形）。乃以守一名。上捡之天，下施之四海。吾闻天下成法，故曰不多，
一言而止。循名复一，民无乱纪。'"关于《黄帝四经》引用的版本为陈鼓应：《黄帝四经今注
今译——马王堆汉墓出土帛书》（北京：商务印书馆，2007）。

㉛ 曹峰：《〈黄帝四经〉所见"执道者"与"名"的关系》，《湖南大学学报（社会科学
版）》22卷3期（2008年5月），页15。

㉜ 同前注，页20。

生存亡兴坏之所在。"执道者最首要的工作是审名察形,看看事物(形)是否与它应有的"名"(规范)相符合。相符合为"正名",不符合为"倚名"。

"名"具有人文社会建构的初始地位,唯有从这个角度,我们才可以更好地理解为何《老子》第一章就反对"名":"道可道,非常道。名可名,非常名。""名"不仅是一般语言哲学探讨的对象,更是政治社会哲学中人文建构的第一项。老子以自然超越人文,其首要的工作就是超越人文建构的"名",进而回归于道的"无名"。而《黄帝四经》的作者认为"名"不可取消,因为名作为规范性是政治社会所需要的架构。相对于老子对于法的解构,《黄帝四经》更加强调法之建构的必要性。

执道者作为"道法家",与孟柯艺术家的结构类似,都是横跨气力与规范的人类类型。艺术家往还于力量与规范之间,道法家则往还于超越的"道"与内在的"法"之间。

三、孟柯学说的讨论

孟柯的艺术家与道家的真人都是向往在社会、方内世间实现自己的人,而不是逃离世间的纯粹方外者。用庄子的话来说,就是"方内真人"的形态;用黄老道家的话则是"道法家"。孟柯学说对于道家的启示,最重要的即是真人除了游于方内之外,如何进一步与社会规范产生关联。关于道家在这方面的资源,黄老道家会比老庄来得更多。具体来说,孟柯艺术家的"能无能"类似于道家的"用无用"(庄子)、"为无为"(老子)。艺术家与方内真人处于"社会与自然""有用与无用"的"与""之间",而这种"之间"是一种"吊诡"(paradox)关系,亦即"吊诡的之间"。

也许粗略地说,这种"能"与"无能"的吊诡关系类似于佛教天台宗"烦恼即菩提、生死即涅槃"的"即"。然而,孟柯的"能无能"对于社会规范具有比佛教相即说更积极的面向,也就是"无能"对于"能"、力量对于规范的开出力量。然而,这种开出是直开还是曲开?对于牟宗三来说,良知的坎陷为知性主体是一种"曲通、曲开"的方式。孟柯强调力量中断处、实践主体才出现,似乎类似牟宗三的曲开。比较特殊的是,孟柯提出"艺术"作为力量与官能、无主体与主体之间往还的通道场所。艺术家同时是野蛮人与主体,同时处于迷醉与清醒,同时是戴奥尼索斯与阿波罗。类似于牟宗三认为无限心对于坎陷的主体是"无而能有、有而能无"的自由关系,孟柯的艺术家对于社会(相应于牟宗三的坎陷世界)也是处于一种自由关系中:艺术是"在社会中,但又自由于社会"。对于规范的自由关系,是孟柯与牟宗三的共通点。

底下对于孟柯的说法提出一些讨论:

（一）"虚"的欠缺

道家强调"虚、无"的面向。又如京都学派的"绝对无",也是强调"无、空"的向度。西方哲学如艾卡大师(Meister Eckhart)、海德格也都强调"无"。与此有所差异,尼采、孟柯哲学强调力量,力量的特色是"增强"、强,走向"实"的一面,较欠缺"虚"的向度。进一步,孟柯所说"力量与官能"之间的往还关系,缺少瑞士汉学家毕来德(Jean François Billeter, 1939—)所说之庄子哲学的"虚与物"之间的往还向度。当然,孟柯的"迷醉"已经接触到"忘我""去主体"的状态,这是否也已是一种"虚"? 此外,孟柯强调艺术家的"能无能","无能"与道家式的"无为"之"积极的否定性""作用的保存"之方式,也有很大的对话空间。

（二）美学人类学的人类中心倾向

力量美学奠立了一个"差异的人类学"(Anthropologie der Differenz),介于力量与官能、人与主体(Kraft, 10)。然而,人类学是否仍是太以人类为中心? 首先,由主体官能去讲出规范,太过于主体主义,不如《黄帝四经》之由客观的道生出客观的圣法。其次,孟柯未解释"力量(人)如何下坠为主体"。庄子的解释是认为气凝结为形,牟宗三则有坎陷说(由无执心到执心)。孟柯比较是"中断"的说法:力量中断,而后有主体。

（三）"实践的习练"深度不足

道家与孟柯主张两种不同的习练:一种是孟柯说的主体官能之"可重复的"、实践的习练(对于规范的习练);另一种是中国哲学的不可重复的"当下"应机回应之工夫。实践的美学化过程即是"主体的转化"过程,孟柯的主体转化的力量来自"他力"(无意识的幽暗力量,无工夫),儒道的主体转化则是自力(自我工夫)㉝。

(四)"积极面的美学自由"之欠缺

孟柯是以否定的角度规定美学自由,他认为美学自由不是自由的最高形式,而只是对于实践自由的否定,美学自由是自由于法则与规范。美学自由并无正面的内涵,它只是否定实践自由的规训性㉞。美学自由是"否定性的自由"(Freiheit des Negativität)之无标准游戏(maßloses Spiel)的自由㉟。美学自由与实践自由构成了"矛盾地统一"之关系,美学自由作为实践自由的它者,也是实践自由的根据。美学自由没有特别的领域,它是在作为根据以及反对实践自由的异化中显现。处处都是游戏与实践的统一,实践的成功需要对于规范的解放㊱。

这种对于美学自由、力量自由的规定太过于消极。美学自由作为对于实践自由的否定,实际上很可能落在与实践自由的同一层领域。相反,庄子的逍遥自由是对于美学自由的一种正面规定。我们也许可以倡导一种吊诡的自由:逍遥美学自由与实践自由之间的吊诡关系。

四、孟柯的回应与进一步讨论

孟柯参与了 2014 年 9 月 22—23 日台湾中研院文哲所举办的"力

㉝ 审查者提到"作者应还可于孟柯强调'"实"力'以补充道家只重'"虚"气'之偏颇,乃至追问究竟孟柯所重视的'无意识'向度是否已有超越道家之处等作出进一步的探索"。这的确是两个很重要的问题。事实上,本文援引孟柯的"实"的力量学说即是要补充道家太过于重视"虚"的不足。至于孟柯的无意识的力量是否有超出道家之处,由于目前还未见到孟柯出版著作中对于无意识的力量作出探讨所需的详细展开,若是孟柯日后有较详尽的说明,当撰文补充。孟柯的力量美学是笔者近四年来的研究成果,仍在发展阶段。笔者稍后将至法兰克福参加孟柯与道家的工作坊,相信在工作坊中孟柯教授会对此一重要问题作出回应,届时再撰文探讨。

㉞ Menke, *Die Kraft der Kunst*, p.150.

㉟ 同前注,页 155。

㊱ 同前注,页 155—156。

量的美学与美学的力量:孟柯(Menke)美学理论工作坊",本文前三节即是笔者该次工作坊的发言。孟柯在会后针对台湾学者对他的挑战写了一篇回应:《越过仅仅能够之路:对一次讨论的后记》㊲。在这篇回应稿中,孟柯首先说明他的研究的出发点在于对启蒙的批判。启蒙的意涵为何?最核心者为"主体性",也就是客体必须回到以主体为依准。孟柯如同法兰克福学派传统,强调对于启蒙的批判。在与台湾学者针对庄子、气论、工夫等之交流后,他认为启蒙批判可以有多重路径:欧洲主要传统以美学来批判启蒙,但是还有其他路径,如以"工夫、游戏、生活方式"来超克启蒙。但是,西方传统上的"工夫"经常与"成功"(Gelingen)无关。成功是与公众性(öffenlich)(公)相关的,但是欧洲的工夫常常是"私人主义"(Privatismus),因而无法介入"力量与成功的吊诡性"之中㊳。孟柯强调要进入"主体性与成功的吊诡"(Paradox von Subjektivität und Gelingen),此时的主体性已经超越启蒙的理性主体、同一主体,而进入到力量主体、包含差异在其中的主体。"成功"标志着社会政治性、公共性领域。孟柯所构想的力量美学,实际上进行着与启蒙理性、成功、公共性等议题的吊诡关系。接着孟柯进入到道家的讨论,他认为在欧洲对于道家的理解史上,道家仅仅是"启蒙之外者"(Andere der Aufklärung)(与启蒙无关),道家是"无主体性"(Subjektlosigkeit)。但他认为道家的无为不是"什么都不做"(bloße Nicht-Tun),而是和"有为"产生一种吊诡关系。接着他由道家回到力量美学,认为所有的成功都需要"在主体中之主体的其他者"(Das Andere des Subjekt im Subjekt),此处产生两个疑问:什么是"主体的其他者"?其次,主体的其他者如何影响主体?

首先,主体的其他者可以说是"力量"(Macht),力量首先表现为"对反力"(Gegenkraft),也就是对反影响着(entgegenwirken)机能实现(Verwirklichung der Vermögen)者。这种对反影响表现在如书法中毛笔接触到纸的阻碍性,以及庖丁解牛时筋骨的阻碍性。总而言之,

---

㊲ Christoph Menke, *Der Weg, der bloßes Können überschreitet. Nachbemerkung zu einer Diskussion*(未刊稿)。

㊳ 同前注,页4。

此时力量是"物质性的对反力量"（Gegenkraft der Materialität），而在这些物质性中，人类作为（menschliches Tun）才得以实现㊴。对反力量也是"自然的"，此处重新思考"自然"。启蒙将自然视为对象，是人类行为的阻碍。自然是人类可以认识、加工并将作为阻碍的自然而加以超越的东西。但如果我们把力量视为"对反力量"，整个对于自然的思考将以另一种面貌出现。对反力量的经验（Erfahrung der Gegenkraft）是"自我转化"的开端（Anfang）（开端具有始源意义），这个自我转化同时也是"自然的转化"。在力量的经验中，自然自身也成为另一种状态。对反力量由乍看之下的外在束缚（Hemmung），转变为（主体）内在的条件。此时，对反力量也成为"自我的力量"（Kraft des Selbst）：亦即对反于主体，但却又是在主体之中（笔者的阐释是，不是外在于主体的其他力量，如上帝、自然）。没有对反力量，也就没有自我的力量。自我的力量是对于对反力量的接受，也就是说，力量总是"接受性的力量"（Kraft der Rezeptivität），力量是被动性的。被动的力量位于成功的主动性作为的中心，好像被辐环绕着之中间中空的毂一样，是辐的有用性的条件㊵。接受对反的力量，并将之转化为自我的力量，也就等同于下列过程：将物质的束缚与限制，转化为"成功的条件"。孟柯透过一种类似道家"无"与"有"的关联（《老子》11章），说明力量与主体的吊诡关系。

接着孟柯讨论力量与气之关系，他认为两者都是自我转化的部分，力量偏向自我，而气偏向自然。力与气都是"转化的自我工夫"（transformierende Selbstübung）㊶。孟柯将自然理解为"物质性"，并且将之与"气"相通：自然即是气的物质性。

最后孟柯也回应台湾学者提出的"为何力量无法进行工夫？有没有力量工夫？"之问题。他认为工夫一般是属于规范层面的事情，要说一种"力量工夫"是十分吊诡的，但也不是不可以说。他认为工夫或转化是双重的，一方面主体转化为"主体中的非主体"（Nichtsubjektive im

---

㊴　Christoph Menke, *Der Weg, der bloßes Können überschreitet. Nachbemerkung zu einer Diskussion*（未刊稿），页7。

㊵　同前注，页8。

㊶　同前注，页11。

Subjekt），也就是主体转化为力量；另一方面，力量也产生转化，力量成为"使成功可能之进入"（gelingenermöglichend Hinzutretende）或"让（成功可能）"（Lassen）㊷。第一重转化是主体让力量进入；第二重转化是力量成为"主体的能够"（Können des Selbst）（力量也一定要进入主体）。这两重转化是同一的，是同一者的两面。

以上是孟柯回应论文的主轴，笔者对其观点仍有些许疑惑：

（一）孟柯将自然理解为"物质性"，并且将之与"气"相通：自然即是气的物质性。这种物质性概念容易引起误解，以为还是处于精神与物质的二元区分之中。还不如以梅洛庞蒂的"肉身"（超越主客、精神物质二分架构）来诠释气比较好。将力量与物质性连结的哲学动机为何？此并不清楚。

（二）把力量理解为对反力量，一方面太与物质性连结，一方面似乎还是以正面的规范为主，力量只是对反于规范。对反力量还是太实在，不足以描述"虚"。

（三）孟柯在对于工夫回应处，只承认有规范工夫，还是不承认有自然工夫、力量工夫。他承认的力量工夫是一种比较消极的美学工夫，也就是让力量影响主体。这与庄子的积极自然工夫还是有差距。

但是无论如何，在道家规范性的追求与外王面的展开方面，孟柯对于力量与规范关系的讨论，提供了道家气与规范、道与规范之间关系的一个重要参照点。

㊷　Christoph Menke, *Der Weg, der bloßes Können überschreitet. Nachbemerkung zu einer Diskussion*（未刊稿），页 13。

道德转化中的自我与他人：《荀子》自主观初探[*]

王　华[**]

内容提要：本文旨在探究荀子对理想自我和自我转化的看法，以及自我与他人在其中扮演的角色。荀子不同意孟子"性善"的说法，认为理想的自我——圣——是来自"伪"。"伪"就是对有可能导向"恶"的本始材质，人为地进行创造性与累积性的加工。而加工的关键，在于有意识地、努力地学习并实践儒家的礼，这样人才可能逐渐转化成理想的自我。邓小虎提供了一个有说服力的主张，指出儒礼体现了一套包含规范个人行为与人际关系的规范性框架，学习与实践礼得以令这套框架内化，从而整全自我。邓小虎进一步立论：实践礼因此使人能完全控制自身与自己的人生，而这是"现代自主理想"的展现，也是自我转化的重要目的。笔者认同邓氏的基本立场，但对他视"控制"或"自主"作为转化之重要目的，则有所斟酌。本文首先介绍儒家自我观的两个面向——"社会面向"和"反思行动者面向"——以及二者之间可能存在的紧张关系；接着检视邓氏对礼与社群在自我转化中所扮演角色的论述，并借由对其所牵涉到"自主"问题的探讨，进一步思考自我两个面向之间的关系。以此为基础，笔者进而开展对《荀子》中理想自我与自我转化的诠释：先厘清《荀子》中理想自我在何种意义下可称为"自主"，以及此种自主（笔者称之为"实质性自我导正"）、"现代自主理想"、"实质性自我控制"式自主三者之间的差异；继而论证"自主"概念中常被强调的"独立"与"自我控制"等特征其实并非《荀子》中自我转化的重要目标：虽然荀子强调"心"的反省与主宰能力，但他对道德转化主要的关怀，并非在于达成"完全的"自我控制，而是在于对自我形塑，创造出一个美好的、与他人实质上紧密相连的自我。在这个转化过程中，"个人"其实在三个意义下失去了自我。因此，荀子的自我转化，是透过失去自我以及与他人产生连结而达成的。自我与他人之间，以及自我两个面向之间的紧张关系，是对自我转化与理想自我来说正面

＊　本文之英文版已于《东吴哲学学报》第 36 期发表（2017 年 8 月，页 59—102）。本文内容略有更改。

＊＊　台湾政治大学哲学系副教授。（电邮：huawang@nccu.edu.tw）

而且必要的一种张力。

关键词：荀子、礼、化性、自主、仁、自我

"他人"（others）对于成就儒家的理想自我（ideal self）极为关键：自我的发展与转化，以家庭为起点，先与家人——家里的"他人"——联系起来，继而推及社群，最终扩展至国家天下。儒家所理解的自我并不是独立的，而是与他人相互依存的。这个对"人我连结"的强调，在《论语·雍也》中表达得很清楚："夫仁者，己欲立而立人，己欲达而达人。"杜维明对这个看法提出了很有启发性的说明，他指出：儒家强调的是"经由参与不断扩充之人际关联并与其交流，自身教化得以完成"①。对这个看法，吾人可能会问：他人、以及自身与他人的关系，在儒家理想自我与自我转化中扮演着何种角色？再者，自我与他人在这个自我转化的说法中，是否存有紧张的关系？比如说，这个说法所强调的"人我关联"，是否能与"自我是具反思性、自主性（autonomous）②的"这个当代广为接受的看法相容？

关于这些问题，学者在厘清孔子与孟子的看法上多有贡献③，专门讨论荀子见解的文章则较少。虽然在大方向上荀子与孔孟对理想自我看法有相似之处，但荀子思想也有其独特之处：荀子不同意孟子"性善"的说法，而强调理想的自我——圣——是来自"伪"。"伪"就是对有可能导

---

① Tu Wei-ming, *Confucian Thought: Selfhood as Creative Transformation* (New York: SUNY Press, 1985), p.128.

② 这里讨论的"自主"（autonomy）不限于康德式的"自律"，以下的讨论将会厘清这个概念牵涉的不同意涵。

③ 重要的论文与专书包括：Kwong-loi Shun（信广来），"Conception of the Person in Early Confucian Thought," in *Confucian Ethics*, *A Comparative Study of Self*, *Autonomy and Community*, edited by Kwong-loi Shun and David B. Wong (Cambridge: Cambridge University Press, 2004), pp.183 – 202; Joel J. Kupperman, "Tradition and Community in the Formation of Character and Self," in *Confucian Ethics*, pp.103 – 123; Chung-ying Cheng（成中英），"A Theory of Confucian Selfhood: Self-Cultivation and Free Will in Confucian Philosophy," in *Confucian Ethics*, pp.124 – 147; Roger T. Ames, "Achieving Personal Identity in Confucian Role Ethics: Tang Junyi on Human Nature as Conduct," *Oriens Extremus* 49 (2010): 143 – 166; Kim-chong Chong（庄锦章），"Autonomy in the *Analects*," in *The Moral Circle and the Self: Chinese and Western Approaches*, edited by Kim-chong Chong, Sor-hoon Tan, and C. L. Ten (Chicago: Open Court, 2003), pp.269 – 282; Tu Wei-ming, *Confucian Thought*.

向"恶"的本始材质,人为地进行创造性与累积性的加工④。而加工的关键,在于有意识地、努力地学习并实践儒家的礼,这样,人才可能逐渐转化成理想的自我。在这个转化过程中,一个人的心、性以及他人,均扮演十分重要的角色。荀子思想的特色,引发笔者有兴趣进一步探究自我与他人在《荀子》道德转化观之中扮演的角色,这也是本文关注的重点。

邓小虎近年提供了一个有说服力的论点,指出儒礼具现了一套包含规范个人行为与人际关系的规范性框架,而这套框架是根植于文化与群众对人性的诠释。学习与实践礼,使吾人采纳甚至内化这套框架,进而理解到对自身整体来说的善(overall good)是什么,并得以整全自我⑤。邓小虎进一步立论:学习并实践礼,使人能完全"控制"自身与自己的人生,这便是现代理想"自主"(autonomy)⑥的展现。

笔者认同邓氏的基本立场,但对他强调"道德转化作为成就现代自主理想的一种方式",则有所斟酌。本文采取较为不同的立场:虽然儒家理想中个人具有"反思决断能力",因此在某个意义上人是"自主"的,不过《荀子》中的自我转化其实与强调"自我控制"和"独立"的"现代自主理想"(以及与强调"自我控制"的"实质自我控制"式自主)有着重要的差别;而且这份"自主"的根源——"反思决断力"——与儒家所强调的"人我连结",二者之间也有张力。这份张力存在于儒家对"自我"理解中的两个面向,笔者称之为"社会面向"以及"反思行动者面向"。笔者并进一步论证:这份张力并不会让这两个面向互不相容,反而有利于成就理想自我。事实上,就是这份张力让一个人能持续完善自我,整合两个面向而"成己""成人"。

---

④ 越来越多当代学者同意荀子并不主张"性本恶"这个较强的看法,而是顺性则乱起恶生。可参考:Kim-chong Chong, *Early Confucian Ethics: Concepts and Arguments* (Chicago: Open Court, 2007); Donald Munro, "A Villain in the *Xunzi*," in *Chinese Language, Thought, and Culture: Nivison and His Critics*, edited by Philip J. Ivanhoe (Chicago: Open Court, 1996), pp.193-201; David Wong, "Xunzi on Moral Motivation," in *Virtue, Nature, and Moral Agency in the Xunzi*, edited by T. C. Kline III and Philip J. Ivanhoe (Indianapolis: Hackett, 2000), pp.135-154。

⑤ Tang Siufu (邓小虎), "Self and Community in the *Xunzi*," *Frontiers of Philosophy in China* 7.3 (2012): 455-470.

⑥ 邓的原文是 autonomy,本文翻成"自主"而非另一常见的翻译"自律",以免读者将"自主"的意义限缩为康德伦理学中的"自律"概念。

以下首先介绍儒家自我的"社会面向"和"反思行动者面向"，以及两者之间可能存在的紧张关系；接着介绍邓小虎对礼与社群在自我转化中角色的论述，并承续其基本立场，发展笔者对《荀子》中理想自我与自我转化的诠释。笔者意图借由探讨这个诠释所牵涉到的"自主"问题，研究在这个诠释中自我两个面向之间可能的紧张关系。首先厘清《荀子》中理想自我在何种意义下可称为"自主"，以及此种自主（笔者称之为"实质性自我导正"）、另一种笔者称为"实质性自我控制"式自主、与"现代自主理想"三者间的差异；并进一步论证："实质性自我控制"以及"现代自主理想"这类强调（强意义下的）"自我控制"或"独立"的自主，并非《荀子》中自我转化的重要目标，理想自我也不是这类"自主"理想的终极展现。诚然，荀子强调"心"的反省与主宰能力，但他对道德转化主要的关心并非在于达成完全的"自我控制"，而是在于对自我加工，创造出一个美好的、与他人实质上紧密相连的自我。笔者最后指出，相对于强调"自我控制"的"自主"理想，在这个转化过程中，个人其实会在三个意义下失去自我。实际上，荀子的自我转化是透过失去自我和与他人连结而达成的。

一、儒家自我的两个面向与其间的紧张关系

许多学者已指出儒家将人视为社会性的存在，而儒家"自我"的概念牵涉到他人以及个人的社会角色。一些学者甚至认为，儒家对"自我"这个概念的理解总是牵涉到关系，没有可以孤立出来的"自我"⑦。对荀子而言，社会关系与社会规范对自我与自我转化亦极为重要。

---

⑦ Henry Rosemont 持此说法，见 Rosemont, "Why Take Rights Seriously? A Confucian Critique," *Human Rights and the World's Religions*, *Boston University Studies in Philosophy and Religion* 9（1994）: 177。Herbert Fingarette 在 "The Problem of the Self in the *Analects*"（*Philosophy East and West* 29 [1979]: 129–140）一文中主张，根据儒家说法，人们不应强加个人意志，而应屈从于"道"——而在这个意义上人们"没有自我"。在他 1991 年对 Roger. T. Ames 的回应中，他采取了一个相近的立场，主张西方自我概念牵涉了"个人主义式、自利主义式，以及特殊主义式的行动基础"，并不适用于儒家（Herbert Fingarette, "Comment and Response," in *Rules*, *Rituals and Responsibilities*, edited by Mary I. Bockover [La Salle, IL: Open Court, 1991], pp.169–220）。值得特别注明的是：本文讨论的"自我"概念并不预设此西方概念，而是前理论的、接近中文用法的日常概念。如"吾""自""己""吾身"（或"其身"）等概念已经在先秦儒家文献如《论语》《荀子》中都可以看到，本文谈到的"自我"概念并不超出这些基本用法。

人类不仅对家人与朋友有自然情感,对食物、安适、荣誉、安定、利益等有自然欲望,人类也有特殊的潜能作社会关系上的区分,并遵守社会规范⑧。由于人必然与他人活在一个资源有限的世界上,荀子特别强调这个区分能力的重要性;若不适当发展与应用这份能力,人类就会面临混乱与灾祸⑨。人们应参与社会关系、遵循社会规范、学习并实践礼,并依礼满足自己的欲望。最终人们应在社会脉络下依礼培养相关能力与品德⑩,转化成美好的、理想的存在。

值得注意的是:儒家认为,遵循社会规范不应是盲目的。许多学者注意到儒家常强调"心"的反思能力,以及依据所思作决定、发动行为的能力⑪。儒家一般认为,人心不但能作出评价、反思自身的选择与整体人生,也能根据这些评价与反思主导自身选择、不被外在因素所决定⑫。荀子对心的看法似乎比这更强一些:在《荀子》中"心"作为智慧的主宰、形之君、神明之主,只发命令而不受命令⑬;并且,"心"必然会对行动作评价与选择、发出许可,而其评价并不由欲望或其他外在影响所决定⑭。

---

⑧　见《王制》9.19。为节省篇幅,本文凡引用《荀子》中较长段落时,只列出 John Knoblock 与张觉《大中华文库汉英对照——荀子》中的章节编号。见 John Knoblock and Zhang Jue、张觉:《大中华文库汉英对照——荀子》(*Library of Great Chinese Classics Bilingual Version in Both Chinese and English: Xunzi*)(长沙:湖南人民出版社,2003)。

⑨　例见《王制》9.20;《富国》10.5。

⑩　荀子也提及其他学习的方式,比如跟随老师学习经典。然而,他特别强调跟随老师学习与实践礼对化性的重要性。(如《修身》:"凡治气养心之术,莫径由礼,莫要得师,莫神一好。")因此这也是本文的重点。

⑪　如 Shun, "Conception of the Person in Early Confucian Thought"; Cheng, "A Theory of Confucian Selfhood"。

⑫　同前注。亦见 Chong, "Autonomy in the *Analects*"; Joseph Chan, "Moral Autonomy, Civil Liberties, and Confucianism," *Philosophy East And West* 52.3 (2002): 281–310。

⑬　《解蔽》:"心者,形之君也,而神明之主也,出令而无所受令。自禁也,自使也,自夺也,自取也,自行也,自止也。"依梁启超解释,"神明"指的是人之智慧(见熊公哲注译:《荀子今注今译》[台湾:商务印书馆,2010])。可见"心"是智慧的主宰。若智慧包括情,或统御情,则可看出心主宰情的关系。

⑭　邓小虎也采取这个看法(Tang, "Self and Community in the *Xunzi*," p.461),其他学者则有不同意见。比如 Eric Hutton 与 Bryan Van Norden 两位学者都主张"欲"本身足以造成行为,不需心的认可,心的评价也非必要。但是 Hutton 同时也承认,一般来说心在行动前会先评价、作出认可(虽不是总是如此)(详见: Eric L. Hutton, "Xunzi on Moral Psychology," in *Dao Companion to the Philosophy of Xunzi*, edited by Eric L. Hutton [Dordrecht: Springer, 2016], pp.201–227; Bryan van Norden, "Mengzi and Xunzi: Two Views of Human Agency," in *Virtue, Nature, and Moral Agency in the Xunzi*, pp.103–134)。由于邓小虎与笔者都接受心的判断在行动中扮演必要的角色,故本文不深入讨论这个问题。

诚然，荀子表明治乱的重点是在使人心之所可中理："心之所可中理，则欲虽多，奚伤于治？欲不及而动过之，心使之也。心之所可失理，则欲虽寡，奚止于乱？故治乱在于心之所可，亡于情之所欲。"（《正名》）

这反思决断能力不只让人能不陷在关系或既存的倾向中而能退一步思考行动的选择与适当性，也使人不受限于自身的社会地位，给人空间思索既存社会规范（如具体礼文）。《论语》中孔子便指出其时代中某些礼不合时宜，而这类勇于反思、不随众的例子也可见于《孟子》与《荀子》。这类反思并非无所根据地质疑社会规范，也并非从自利观点出发，而是被理想的社会关系、社会知识所引导。信广来作了一个很好的注解：这些反思是"根基于一种仅在不断演变的社会秩序中才得以实现的合理性"⑮。

根据以上讨论，吾人可区分儒家自我的两个重要面向：一个是社会性的、与他人相依的面向，一个是笔者称为"行动者"的面向。然而，这两个面向之间似乎存有紧张的关系。一方面，社会性自我是由个人所扮演的社会角色来理解。个人应遵循社会规范，并随之转化。在这层理解下，一个人的自我似乎无法在脱离社会关系脉络、不被社会规范定义下被理解。另一方面，"反思行动者"这个面向的自我是有反思能力、能不限于实际社会关系与情境去作超越性思考的。在这层理解下，很明显存在一个不必然受任何他人或是任何既存社会规范界定或约束的超越性自我。因此，似乎这两个面向之间存在着一种紧张的关系，一个整合成融贯自我的困难：自我似乎很难同时是必然与他人连结、必须在关系中理解，又是在反思下超越任何社会规范与关系的。

对以上说法的一种可能反驳是：这表面上的紧张关系是源自对"既存社会规范"与"其背后的根本理由"之间的混淆，一旦对两者作了区分，紧张关系就会消解。某些人可能会同意前面所提到信广来的说法，而认为人们得以检视（并有时偏离）既存社会规范是根据社会秩序背后的"根本合理性"，并宣称：真正构成并限制自我的不是既

---

⑮　Shun, "Conception of the Person in Early Confucian Thought," p.191.

存的社会规范以及事实上的人际关系,而是社会秩序背后不变且独立于他人与既存规范的"根本合理性"。这个反驳值得深思。对于这个反驳,吾人可能提问:此"根本合理性"的本质与来源为何? 它又是如何构成自我? 另外,这个看法还可能面对一个隐忧:在这个看法中,自我与他人的关系似乎相当单薄:他人(与他我关系)对个人的重要性可能只是从这"根本合理性"衍生而来。果真如此,儒家的理想自我可能面对道德疏离的问题⑯。这真的是儒家(尤其是本文关心的荀子)对他我关系的看法吗?(笔者将于本文末阐释完"仁"这个概念后回应这个问题。)

邓小虎提供了一个对《荀子》中自我与社群具启发性的说法⑰。本文检视这个说法,并进一步发展一套对《荀子》中理想自我的诠释,同时处理自我这两个面向之间的紧张关系问题。这个讨论,当有助吾人看出自我的两个面向如何能融贯地展现在荀子对道德转化以及理想自我的看法中。

邓小虎以及笔者的讨论都集中在儒礼的形成与功能上。因此,笔者先简介《荀子》中的礼。荀子认为,礼起源于人对生存与兴盛的追求。他指出人天生就有欲望并追求其满足,在这追求的过程中,若无规范,则内在欲望的冲突⑱与外在与他人之间的纷争便无可避免,而导致动乱。要解决这个问题,重点不是去除欲望或是减少欲望,而是要导正欲望(以及个人的判断与行动)⑲。导正后的欲望不会因为物质有限而无法满足,而物质也不会被导正后的欲望消耗殆尽,如《礼论》所言:"使欲必不穷于物,物必不屈于欲。两者相持而长,是礼之所起也。"可以看出,礼不只是在分配财物资源,更在养欲化性。的

---

⑯ 这是当代对公正无差等的道德理论(如康德伦理学、结果主义等)相当有名的一个批评,称为"疏离问题"(the alienation problem)。Peter Railton 为这个问题提出清楚的说明,并论证这对结果主义不必然是一个挑战(Peter Railton, "Alienation, Consequentialism, and the Demands of Morality," *Philosophy and Public Affairs* 13.2 [Spring 1984]:134–171)。这个问题颇为复杂,在当代伦理学也有相当多的讨论。由于本文篇幅限制,笔者无法更详细解释这个问题或为儒家伦理学提出一套完整的回应,但在本文后段将根据对儒家核心美德"仁"的讨论而提出简要的回应。

⑰ Tang, "Self and Community in the *Xunzi*."

⑱ 如见《礼论》19。

⑲ 如见《正名》22.11, 22.12。

确,礼的设计就是要解决内在与外在的冲突与纷乱,并将人生导向较美好的境地。

二、邓小虎对《荀子》中自我与社群的说法

邓小虎于"Self and Community in the *Xunzi*"一文,重构《荀子》中对道德转化的说法,主要厘清礼和社群在道德转化中扮演的角色。人们经由道德转化而成为理想的行动者,以臻良好人生。据邓氏所言,在这个理想状态,人们的欲望获得满足,又享受到社群中的人际关系,最重要的是得以整合自己而成为"自主"的行动者——成为能控制并主导自己人生与行动,而不仅是被自身一时冲动的欲望驱动的存在。邓小虎表明,道德转化的终极目标之一可视为成就"现代自主理想"[20]。

这份良好人生与"自主"的成就,是来自在社群中实践儒礼。邓小虎指出,儒礼具现了一套包含规范个人行为与人际关系的规范性框架,实践儒礼有助于养欲,并使得人们能在社群中和谐地生活。并且,社群本身也扮演了重要的角色。邓氏说明:"社群"对荀子而言不是随便一群人的组合,而是"由礼架构起的一群人"[21]。可以得知,社群在这个理解下是儒家规范性框架的具体成果。邓氏强调:"最好的养欲只有在人们是受社群教化下才有可能。"[22]

除了规范关系与养欲外,邓小虎尤其强调礼和社群在人们自我实现为"整全"与"自主"行动者方面所扮演的关键角色。他指出:"是经由这样的规范性框架,一个人才能组织自己成为一个整全的自我,才能评价并控制他自己一时冲动的欲望。"[23]理由是:经由采纳并内

---

[20] 邓氏认为,成就自主是道德转化的一个终极目标(Tang, "Self and Community in the *Xunzi*," p.455);在更近期的著作中也表明类似的主张(邓小虎:《荀子的为己之学:从性恶到养心以诚》[北京:北京大学出版社,2015])。另外,他也认为(至少对于今天的人们来说)儒家礼的价值确实就在于它在成就"现代自主理想"中所扮演的必要且关键的角色(Tang, "Self and Community in the *Xunzi*," p.468)。

[21] Tang, "Self and Community in the *Xunzi*," p.459.

[22] 同前注,页467。

[23] 同前注,页456。

化此规范性框架,吾人理解到对自身整体来说善是什么,而能评价欲望,区别重要与不重要的欲望。由此,吾人对自身与自己的人生有了真切的了解,而不再被一时冲动或不重要的欲望"控制"或"奴役"㉔。

笔者认为邓氏的重构相当具启发性。在此重构中,可看到"他人"(以及他我关系)在个人转化中扮演的两个关键角色。首先,自我转化中必要的一步——儒家规范性框架的采纳与内化——很明显牵涉他人。这框架的采纳是来自践礼,而礼最大的作用便在于维持与他人的规范性关系。并且,此规范性框架的习得必须在社群脉络内进行,而社群(如之前已提)是由礼所架构起的,包括自我与他人的群体。在此条件下进行的道德转化,必然引领个人将自己认同为关系中的、社群中的一分子。

再者,根据邓氏所言,这套框架是根植于"文化与群众对人性的诠释"㉕。由于自我转化需采纳并内化此框架,不仅仅是个人与他人的规范性关系会构成转化后的自我,他人对人性与人生的诠释也会是构成转化后自我的一部份。诚然,邓先生强调:"社群与其背后的传统对人类自我具有本质性与建构性的重要性。"㉖

本文后段会指出,这些"他人"在自我转化中扮演的角色,为自我的两个面向所带来的张力。笔者先进一步厘清这套框架是在何种意义下"根植于"文化与群众对人性的诠释:这里不应解释为群众对人性的诠释"决定了"这套框架,因为这样的解释忽略了荀子赋予圣贤在制礼上的创造性工作。荀子明确主张,为了解决冲突与纷乱,圣贤创制了礼㉗。吾人有理由认为这个过程历时长久,经过许多试误阶段,礼才渐趋稳定而形成长期运作的准则。这期间的试误过程,亦需在一个具体的文化脉络下与众人智慧中进行。因此可以推断,儒礼是在较弱、非决定性的意义下奠基于一个文化与群众对人性的诠释。此外值得一提的是:并非"任何"文化与群众对人性的诠释都是适当

㉔ 转化前一个人被自己的欲望所"控制"和"奴役"这个主张值得斟酌,本文稍后检视邓氏所主张的"自主"时会讨论。

㉕ Tang, "Self and Community in the *Xunzi*," p.455.

㉖ 同前注,页 466。

㉗ 如见《王制》9.3, 9.18;《礼论》19.1;《乐论》20.1。

的。在礼的创制与选择的过程中，某种智慧（如圣贤之智）以及实践上的成功亦为必要，如此跟随者才可能对礼原则上的正确性与可行性有基本的信心，而这也阻挡了部分关于相对主义的可能质疑。

笔者相当认同邓小虎对《荀子》中道德转化的基本重构：经由实践儒礼，个人采纳并内化其背后的规范性框架；经由这个过程，个人得以转化其自然欲望，作出更好的判断，感受与行动也都更加合宜，并活出与他人共享的和谐人生。笔者也认为邓氏对儒家规范性框架具个人整合功能的说法对理解《荀子》相当有帮助。诚如其言，这透过礼整合自身人性与社群和谐生活，是荀子对礼的说法的一个重点，也使礼更富有吸引力[28]。然而，邓先生在重构中强调"自主"或是"现代自主理想"—— 一种对自我的完全控制——作为道德转化的目标，是笔者认为值得斟酌的，以下详论。

三、对"自主"的强调：一些厘清

邓小虎主张，道德转化的一个终极目标在成就"现代自主理想"，使人们成为"自主的行动者"。针对这个主张，吾人可问三个问题：（一）"现代自主理想"的意义为何？（二）荀子式道德转化是否能算是"现代自主理想"的一个成就？（三）成就"现代自主理想"又是否真是荀子道德转化的终极目标？以下探讨这三个问题。

（一）现代自主理想

"自主"（autonomy）最一般的意义为"独立""拥有或创造规范自身的律法""自治""依循自身意愿的自由""个人自由"等[29]。而与自主高度相关的概念则包括"对自身完全掌握""自由""个人主义""与他人区别""权利"以及"理性"[30]。"自主"一词可使用于不同脉络，笔

---

[28] 荀子在《礼论》对这个看法也多有提及。

[29] 这些解释都可以在《牛津英语词典》中找到。

[30] 这些相关概念可见于：John Christman, "Autonomy in Moral and Political Philosophy," in *Stanford Encyclopedia of Philosophy* (https://plato.stanford.edu/entries/autonomy-moral/), 2015; Rosemont, "Why Take Rights Seriously? A Confucian Critique"; Chan, "Moral Autonomy, Civil Liberties, and Confucianism".

者的焦点则放在与本文最相关的"个人自主"这个概念上[31]。庄锦章为"个人自主"提供了一个基本的解释:"个人有能力与自由去实现对自身认同重要的计画"[32]。笔者以这个解释为起点进行探讨。以下先做一些初步的厘清工作[33]。

第一,这里讨论的自主理想关涉庄锦章所称之"积极自主"——是关于对自身行动与人生的控制"来源"的讨论,而非关涉"消极自主"(不受外在束缚的行动自由)[34]。

第二,这里讨论的"自主"是一种成就(而非基本能力)。它牵涉到转化过程中长期训练下所成就的高超技能(expertise)。换句话说,笔者的讨论聚焦在"一个人具有某些高超技能,能主导自己依对自我认同深切相关的计画或价值而行动",这样的人具有"个人自主"。

第三,"自主"这个西方概念本身包含了不同的意义;或者说,不同的西方"自主"理论,对这个词的说法与着重点都不同。然而,"自

---

[31]　邓小虎关心的也是个人自主(如见"Self and Community in the *Xunzi*"页 466 的讨论)。由于对儒家来说,理想的转化就是道德转化,而成为有德之人(或"成人")被视为个人自我认同的关键,因此在这个讨论中谈到的"个人自主"和道德自主(对个人道德生活具主导性)不但不应互为敌对,而且其外延应该是一致的。也就是,一个"个人自主"的人也会是"道德自主"的,反之亦然。

[32]　Chong, "Autonomy in the *Analects*," p.269.

[33]　这里的讨论可先排除两种"自主"形态的可能。陈祖为作了四种道德自主元素的区分:对道德的自愿支持、对道德人生的反思参与、道德来自己立法的自律,以及道德作为个人意志的极端自由展现。其论证是:前两种元素可在儒家伦理中找到,而后两种不但找不到,也与儒家思想不相容。第三种元素,即道德自我立法,指的是康德伦理学中道德律来自我立法这个说法:康德认为道德律源自一个人的普遍理性(非一个人的天性、情感或文化),也因此是有效的。第四种元素,即极端自我展现,指的是"道德与道德的选择是由个人自我作成——这个自我是存在意义上的,而非理性意义上的自我,后者并不真的代表个人"。这种"自主"的意义在于个人为自我立道德律,但根据的不是普遍理性,而是个人"根据自身欲望、期许,以及个人状况所作出的反思"。陈氏指出,儒家伦理并不接受这两个元素,因为对儒家而言,伦理并非由普遍理性或是自由选择立法,道德是"根植于人性或是天,而这两者其实同为一体"。(详见 Chan, "Moral Autonomy, Civil Liberties, and Confucianism"。)笔者基本上同意陈氏排除第三、第四种自主,不过想进一步指出:根据本文重构的荀子理论,规范性框架是根植于一套文化与群体对人性的诠释。这套框架来自他人(以及自己)的功夫与努力。这提供了另一个排除这两种"自主"形式的理由:二者都强调由"自我""立法",但这与荀子理论不合。

[34]　Chong, "Autonomy in the *Analects*," p.277. 庄氏这个区分是比照 Isaiah Berlin 对积极自由与消极自由的区分。庄氏的论文集中讨论积极自主,意图探讨吾人"想主导自己人生的内在深层欲望"。

主"这个概念还是牵涉到一些核心特征或是相关现象。庄锦章和信广来的两篇相关论文，其重要工作便是在指出儒家伦理学重要特色中与西方"自主"概念的关键面向相关连之处㉟。庄锦章聚焦在儒家对"志"的发展、成就一个整全自我、自我主导所需下的功夫等说法与"自主"概念的关连。信广来则讨论儒家所强调的人类作社会区分、反思与评价个人行动与人生等能力，并指出个人的社会背景与作为社群一份子的这个身分会影响其思考与评价，而这反思与判断的能力独立于外在控制，可视为"自主"的一种展现㊱。在本文中笔者跟随庄、信二氏的作法，讨论荀子理论中与"自主"概念相关连的部分，但也将同时指出荀子理论与"自主"概念中不完全相融贯的部分。

"自主"概念的核心特征为何？庄锦章着重于一个人主导自身，依对自我认同深切相关的计画或价值而行动的能力，信广来则强调不被外在因素决定的反思判断。可看出这两位学者注意到"自主"概念牵涉到一个人依自己判断而行的"胜任能力"（competency），以及此判断与计画应可归属于自身的"本真性"（authenticity）㊲。John Christman 进一步为这两个自主概念核心条件提出简要说明："胜任能力条件包括了有理性思考、自我控制所牵涉的各式能力，以及能够免于使人衰弱的病理原因、系统性自欺等不当影响。""本真性条件则常包含反思自身欲望、价值等，并为其背书（或认同）的能力。"㊳

可以看出，自主概念强调的是个人自身的反思与独立于外在影响因素的重要性。并且，如同 Christman 所指出，"在判断一个人是否

㉟ Chong, "Autonomy in the *Analects*"; Shun, "Conception of the Person in Early Confucian Thought."

㊱ Shun, "Conception of the Person in Early Confucian Thought," p.193.

㊲ 庄、信两位对"自主"的说法，与 John Christman 在 *Stanford Encyclopedia of Philosophy* 中"Autonomy in Moral and Political Philosophy"一文对"个人自主"这个概念的看法，不谋而合。Christman 也认为"胜任能力"与"本真性"这两个能力在这个概念中扮演核心的地位：最简单来说，"自主就是自己作主，能够由可被视为本真自我（one's authentic self）的一部分的（而非由外加诸的）考量、欲望、情况、与特质所主导"。（页 2—3）文中 Christman 也介绍了"理想自主"概念，内容与本文提到的"成就"概念类同："一种可以立志作为目标的、一个人最大程度展现本真性而免于操控或使自我扭曲的影响的成就。"（页 4）

㊳ Christman, "Autonomy in Moral and Political Philosophy," p.6.

自主时,并不规定相关欲望或价值等的内容应该为何"。也就是说,自主概念的重点在于一个人的行动(或是计画、人生等)与自我认同之间的关系,它是价值中立的。另外,与接下来讨论相关而值得一提的是:如果我们仔细检视自主概念的这两个核心条件所牵涉的能力,会发现它们都是个人的内在资源,而且主要是与理性相关的能力。

以这些厘清为前提,下文接着探讨邓小虎重构理论中理想行动者在何种意义下是"自主"的行动者。笔者将论证:邓先生所主张的"自主"与以上笔者分析的当代自主理想两者间有重要的不同点。

(二)邓小虎主张的"自主"

邓氏所指的"自主"是否只是指"心"的基本反思抉择能力? 如前所提,荀子认为一个人的行动必然先经过他的"心"评价与认可,而心的评价并不被"欲"或其他因素决定。值得注意的是,这"反思行动者"面向的自我并不是道德转化的成就,而是在转化前即已存在。在转化前,由于缺乏适当的规范性框架,心的判断会有"不中理"的情况,而欲望可能会对个人的决定与行动有很大的影响力[39]。但是,即使在这个情况下仍是"心"作出评价与选择,而并非被"欲"控制或驱迫,个人的行动也不应被理解为被自身的欲望控制或决定——这是因为"作出评价""发出认可"本身就包含了采取一个 反思立场、与欲望或外在因素保持了形式上的距离而不必然被其决定等意涵。若"自主"指的就是这种根据反思而支持自身选择与行为的能力,荀子应该会认为,至少所有反思能力正常的成年人都是自主的。

邓小虎对自主的看法,很明显比心的基本反思决断能力强。自主是一种成就,而根据邓氏所言,一个自主的行动者,其"人生是由一个整全的自我来指挥与主导",而这个行动者是"根据自己的计画积极地主导自己的人生"[40]。这里的自主概念符合笔者之前所提:一个人具有某些高超技能,能主导自己去从事对其自我认同深切相关的计画。

邓氏又作了进一步要求:"自我的整全(integrity)与人生的自主

---

39 如见《荣辱》4.12。
40 Tang, "Self and Community in the *Xunzi*," p.460.

只有在自我与人生都被一个规范性框架所架构的情况下才有可能。"⑪这个要求使他主张的"自主"在意义上比"具基本反思性"或"根据自身的计画行动与生活"更强：人们必须采纳并内化一套规范性框架来整合自我，而其计画与目标也应符合这个规范性框架。

值得注意的是：虽然这个意义下的"自主"比"具反思性"或"根据自身的计画去行动与生活"更强，但目前为止这还仅是一种形式上的要求，并没有对规范性框架的内容作特定约束。很明显的，满足了"具反思性"和"依规范性框架整合自身计画、行动与生活"这些形式条件，并不保证一个人就会依据儒家观点进行"正确的"思考与行动。因此，吾人很自然会问：一个满足这些形式条件，但是依循一个不同于儒家思想的规范性框架（比如采取了道家框架或是自利框架）的人，是否也算邓小虎主张中的"自主"的人？换句话说，人们是否有可能采纳不同规范而达成邓氏所谓的"自主"，而儒家只是提供其中一种规范⑫？

邓小虎未在文章中直接处理这个问题，但有理由认为他会持否定态度⑬。对他来说，接受儒家规范性框架（或非常类似的框架）对于达成"自主"而言是必要的，原因是："自主"要求人对自己有"扎实的掌控"，而这只有在我们真的知道自己是谁、自己真的想要什么的情况下才能达成⑭。他认为，由于儒礼提供了对人性最好的诠释，因此只有经由实践儒礼，吾人方可得到这类知识与掌控。他指出：儒家规范性框架并非发现于外在世界，也并非由人性直接导出，而是"由吾人的行动与人性互动中建构而成，其作用在于掌握最佳展现人性的行为模式"⑮。从这些说法可以推论，邓小虎不会认为儒家规范性框架只是一种对人性可能的诠释，而会认为它是将人性紧密地纳入考量而为人类整体的善提供最佳说法的诠释。儒家规范性框架，是以

---

⑪ Tang, "Self and Community in the *Xunzi*," p.466.

⑫ 感谢王荣麟教授提出这个问题，促使笔者作此讨论。

⑬ 值得一提的是：邓氏在论文中并未打算完整论证对儒家规范性框架的采纳是成就自主的必要条件，但他确实主张儒家规范性框架提供一个相当合理的说法。

⑭ Tang, "Self and Community in the *Xunzi*," p.468.

⑮ 同前注，页465；亦参考页466。

人性作为框架发展起点与约束来源，采纳它所达成的"自主"不只是一个形式上的整合，而是由人性与其潜力作为内容，以和谐、满足的社群生活为方向的实质整合。

从此可看出，邓氏所考虑的"自主"是一种有力而实质性的（而非形式性的）自身控制，因此比之前介绍的"现代自主理想"在意义上丰富许多。这种"自主"除了要求一个人要形成整全的自我，更要求对自我有"真确知识"以便对自身能有扎实的掌控，而且其中经历不断反思的规范性框架，是根据一个特定的、文化上与群体间对人性、自我、人际关系的诠释。这个诠释具有实质的价值内容：要求人们将自身"作为人""作为关系与社群的一部分"这些身分视为核心身分，并以养欲、共善，以及和而不同的社群生活为目标。

从某些特定观点来看，儒家这套诠释的确可被视为至今对人性的最佳诠释。然而，一个值得思考的问题是：是否所有合理的、考虑到人类处境的规范性框架，都应接受儒家诠释中对人性、自我与人际关系的预设？简要来说，我们可以观察到以下几点预设，而每一点都颇具争议性：

（一）人们应将自身"作为人"视为其核心身分，而所谓"人"包含了儒家对人性的特定看法[46]。

（二）"自我"应作为社群中的一分子，在关系中被理解。

（三）人们应以共善为目标，而共善构成了个人的善[47]。

（四）善并非来自人性，而是来自圣贤根据文化与众人对人性的诠释所作出的创造性活动（如制礼）。即使人们有成善成圣的潜能与条件，但努力并不保证必然成就，道德转化需依赖圣贤的智慧。（此点尤其是荀子思想的特色。）

（五）善德如仁、义等应在合于礼的意义下来理解。也就是说，这些价

---

[46] 邓小虎在《荀子的为己之学》中所提出的诠释比这个预设似乎更强一些：在为成就自主所作的人性诠释中，人性不仅应被列入考量，甚至不应被部分忽略或否定（见邓小虎：《荀子的为己之学》，第十章）。

[47] 这点许多学者都有论述，比如 Shun, "Conception of the Person in Early Confucian Thought," p.195。

值与规范被理解为深植于文化与体制之中，在概念上与文化和群体对人性的诠释相连结⑱。（此点尤其是荀子思想的特色。）

邓小虎所主张的这种"自主"值得考虑。这个主张中有两个明显的特色："实质价值预设"与"自我控制"。笔者用了一些篇幅讨论前者，现在简短厘清后者。邓氏如何理解"自我控制"？前面已经讨论过的反思决断能力、对自身行动与计画的主导能力、根据规范性框架形成整全的自我，以及对自我有所谓"真确知识"（儒家诠释）以便对自身能有扎实的掌控等，都明显包含在内。但吾人应如何理解"对自我的主导"与"扎实的掌控"的内涵？由于邓氏未有进一步说明，笔者认为这部分便留下了诠释的空间。

第一个可能的诠释是，邓小虎所主张的"荀子式自主"中的"控制"概念，援引了"现代自主理想"中所使用"强意义下的自我控制"概念：强调控制来自"本真的自我"而非他人，并多半以个人的"内在理性资源"达成。笔者称这类"自主"为"实质自我控制式"自主，以反映出这个主张中强调"自我控制"与"实质价值预设"两个特色。如之前的讨论中显示，邓氏不但认为满足"荀子式自主"的理想行动者会满足现代自主理想的基本形式要求——具有某些高超技能，能主导自己去从事对其自我认同深切相关的计画——而因此也许能成为现在自主理想的一个例子。（以下笔者会提出这方面的疑虑。）也许他甚至有更高的期望：认为满足"实质自我控制"的行动者就算不成为现代自主理想的唯一典型，也会成为一个模范⑲。由于邓氏将"荀子式自主"与"现代自主理想"如此紧密连结，行文中讨论到自我控制时也

---

⑱　这个看法在《荀子》中出现多次，比如《大略》27.22。也请参考注脚80。

⑲　这是一个设想性的问题，但邓小虎可能的确是有比较高的期望，认为接纳儒家规范性框架是成就自主的唯一典型，或至少是模范。毕竟，假若他所持的是较弱的看法，认为儒家的理想行动者只是自主的"一个例子"，行动者可以采纳许多其他的规范性框架而成就自主，此时"儒礼"对于成就自主的重要性就大幅减低，而他以下的主张就较难理解："假若有一现代人问荀子，为何他要依随儒礼，荀子大抵会这样回答：儒礼构成了一个规范性框架，借着这个框架，吾人得以成就一整全之自我，并成为一自主的行动者。荀子大抵也会指出，作为一个当代的理想，'自主'只有在吾人牢牢掌控自我之后方能实现。只有吾人在明白我之为何、我所欲为何之后，方可自主地行动。"（Tang, "Self and Community in the *Xunzi*," p.468；笔者中译）

常使用"现代自主理想"的相关概念，笔者认为这个诠释有其可能。

第二个可能的诠释则是，虽然邓氏将"荀子式自主"与"现代自主理想"紧密连结，但他使用"控制"概念时其实并未援引"现代自主理想"中所使用的那么强的"自我控制"概念，只是指某种较弱意义下的"自我主导"。笔者并不排除此一可能性⑩。在这个情形下，邓氏的看法，与笔者之后将说明的荀子式道德转化中所牵涉到的自我丧失，也有可能相容，而吾人可将"实质自我控制式"的自主，视为一个可从邓小虎既有说法而开展出来的立场⑪。

以下笔者对以上第一个诠释（视"实质自我控制"的自主为"现代自主理想"的范例）提出两点疑虑。这两点疑虑主要都是关于它"实质价值预设"的主张。（关于这类自主中强意义的"自我控制"这个主张，笔者将在之后提出质疑，指出荀子式道德转化与这类"自我控制"并不相容。）

第一，儒家规范性框架是否能作为对人的"真知"，本身即有争议。如前所论（这也是邓小虎的立场），儒家规范性框架并不由人性决定，也不由某种宇宙规律或是人作为理性存有而决定，而是根植于一套对人性具创造性、累积性的诠释。根据荀子的立场，世界的状态并不事先决定道德，这由他强调"天人之分"与"礼成于伪"便可看出⑫。在这个立场中，儒家的框架只是根植于一个文化中众人对人性的诠释（虽然它可能根据某些预设、从某个观点来说是最佳诠释），这个诠释作了一些具争议性的预设而不见得会被广泛认为是最佳诠释。另外，吾人亦无法确知这个诠释是否是"真确"的

---

⑩　但是应注意：这第二个诠释会让邓小虎所诠释的"荀子式自主"与"现代自主理想"的差别，变得比第一个诠释更大。如笔者接下来所述，"现代自主理想"与"实质价值预设"已经难以相容，如果在"自我控制"上，"荀子式自主"与"现代自主理想"也使用不同概念，那两者很难说有重要的关联性，前者很难成为后者的范例。

⑪　非常感谢匿名审查人敦促笔者厘清这一点。

⑫　在《荀子》中，"伪"这个概念常用来与"性"相对，而至少有两义：一指心的选择与行动（如《正名》："心虑而能为之动谓之伪"），一指经由累积的功夫所达成的能力与成就（如《正名》："虑积焉，能习焉，而后成谓之伪"）。本文只谈第二义。圣与常人之性同，差别在于他们累积的工夫（伪），而荀子认为，儒礼便来自圣累积的工夫而非天生，因此礼并非来自性。冯耀明在《荀子人性论新诠——附〈荣辱〉篇23字衍之纠谬》（《台湾政治大学哲学学报》第14期［2005年7月］，页169—230）对"伪"这个概念提出非常清楚的分析。

知识。而且,原则上这个框架(至少在礼的设计上乃如此,而仁义又在概念上与礼相连结)很可能会因为人的处境与文化的改变而有所调整㊿。

第二,这种强调"实质自我控制"的自主,与西方现代自主理想的基本概念,事实上难以协调。西方"自主"的基本概念,如前所提,是关于自我主导、独立,以及免于外在限制的自由。这个基本概念蕴含着一个想法,就是个人具有基本的能力(或充足资源)来反思个人处境并理性选择自己的目标,因此对个人目标内容基本上是采取价值中立的态度。基于这个原因,强调"实质自我控制"的自主与此基本概念有两个不协调之处:首先,"实质自我控制"的自主预设一个很特定的理论观点为真(儒家对人的诠释),而这个预设与"自主"的基本价值中立观点有冲突。举 Bernard Williams 所用的著名例子㊾来说,虽然一个为了完成自身对艺术的追求而抛弃家庭的画家也许会被认为是不道德的,但他的自主性一般来说却不会受质疑——毕竟他就是依循定义他自身认同的"根本计画"(ground project)而行! 但是根据"实质自我控制"的看法,这个画家却不是自主的。针对这个例子,邓小虎可能的回应是:这个画家其实对自己没有"真知",因此他所依循的计画并不是根据他"真正的自我认同",也因此不具本真性(此计画并非真是"他的")。但这个回应彰显了这部分讨论的一个隐忧:计画的本真性(或行动的自主性)难道不是由行动者对自身的反思理解来决定,而是根据文化以及群体对人性的诠释来决定? 若是如此,在自我认同上对他人的依赖,与现代自主理想中对独立的强调,两者会产生冲突。

再者,在这个立场中,人们自身并未拥有所有达成"自主"的必需资源或能力,而必须向外(文化、社群)学习儒家规范性框架。由此可见,这个道德转化理论在自主、个人独立性、个人自由等面向其实有其限制:儒家框架作为一个文化与群体对人性的诠释,虽不是完全不

㊿　值得一提的是:邓小虎也认为我们并不知道人性最佳的表现为何,只能对它作出诠释。他并未要提供一个对儒礼作为最佳诠释的证明,而仅想展示:对人来说什么是善? 儒礼是一个相当可信的看法。见 Tang, "Self and Community in the *Xunzi*," p.468。

㊾　见 Bernard Williams, *Moral Luck* (Cambridge: Cambridge University Press, 1981)。

能修改,却也无法为个人差异性量身定做。一个采纳这个规范性框架的人,在某种意义上要准备好放弃自己定义自我、表现自我的独创性⑤。

　　至此吾人应可看出,荀子理论中的理想行动者虽然在某些意义上是自主的,但这种强调"实质价值预设"的自主与西方意义下的自主还是不完全一致,有不协调之处。因此,荀子式道德转化很难算是"现代自主理想"的一个成就。两者的比较,不仅展现出《荀子》与西方自由主义中对行动者看法的不同,同时也提供了一个机会,深入探索儒家自我观的两个面向之间的关系与张力。

　　在讨论这点之前,笔者先回答本节一开始提到的第三个问题:"自主"对于荀子来说是否是道德转化最重要的目标? 笔者将论证不必然如此。从前面的讨论我们可以看出,"实质自我控制"这种自主,十分强调"自主"作为对自身扎实的、全面性的控制,而即使对现代自主理想,"独立"与"自我控制"也是很核心的特征。但是对儒家而言,转化的目标是使人成为一个美好的自我,过着仁义的道德生活。自主或有助达成这样的生活,又或是这样的生活包含某种意义下的自主,但是"独立"或强意义下的"自我掌控"本身,在荀子理论中并不明显有内在的价值或作为终极目标⑥。以下笔者将在讨论荀子理论中的理想自我后,指出在道德转化以及理想存在中,其实有三种意义下的自我丧失——这将削弱行动者厚实意义下的"现代自主理想",以及邓小虎所强调的"全面自我掌控"。基于这个原因,与其说荀子认为转化在于实现现代自主理想,或是"实质自我控制",更适当的说法是在实现"实质自我导正"以美化自我。

---

　　⑤ Herr 对这一点作了深入的讨论,他强调由于仁必须透过礼来表达,而礼本质上是根据群体共识所建立的主体间规范,这并未为个体自发性留下足够空间。见 Ranjoo Seodu Herr, "Is Confucianism Compatible with Care Ethics? A Critique," *Philosophy East & West* 53.4 (2003): 471–489)。笔者在另一篇文章较深入地讨论这个议题,见 Ellie Hua Wang, "Moral Reasoning: The Female Way and the Xunzian Way," in *The Bloomsbury Research Handbook of Chinese Philosophy and Gender*, edited by Ann A. Pang-White (London: Bloomsbury Academic, 2016), pp.141–156。

　　⑥ 陈祖为也提出类似的看法,见 Chan, "Moral Autonomy, Civil Liberties, and Confucianism," p.299。

四、比"自主"更重要的目标：美化自我

邓小虎"采纳儒家规范框架以助于自我整合"这个说法相当具启发性，也使儒礼更具说服力。然而，《荀子》中道德转化并不仅是关乎在社群内调养并满足个人的自然欲望，或是让吾人自我整合成为自主的行动者[57]。道德转化有更进一步的目的：美化自我。荀子在《劝学》中有言："古之学者为己，今之学者为人。"[58]此"为己"的学习目标是什么？在什么意义下是"为己""为人"？荀子接着说明："君子之学也，以美其身；小人之学也，以为禽犊。"荀子认为学习重点并非为了被人所知、得到他人赞美，从他人获取名利或是自我满足，而是为了提升自己，"美其身"。换句话说，道德转化在于将个人的存在境界往美善的方向提升。以下笔者作进一步说明。

在儒家论述中，"美"的概念常伴随"德"与"善"，而与恶相对[59]。荀子除了主张君子之学在于美其身，也明确指出"性不能自美"[60]，这种学习必涉及有意识的、长久累积的努力（"伪"）。他进一步说明，这种学习牵涉到整个人的转变，包括心、身，并展现在人的言行中[61]。诚然，荀子在《正论》中对圣人的形容就是"圣人备道全美者也"。

这种须经由这类学习才可能成的存在样态是何种面貌？在何种意义下它是美的？我们已知，在《荀子》中道德转化必须经由学习并实践儒礼。荀子认为，人有自然的情感与欲望，而正确的教化不在于去除这些自然的倾向，而是在精炼、修饰它们。礼的实践不仅在于使人每日的活动（如吃喝）有节制且和谐，使人的意志与行为合乎理，使

---

[57] 邓小虎强调，制礼的原因与好处在于养欲并整合自我。笔者十分同意这部分，但认为荀子的理想并不仅如此，而更在于提升存在境界。另外，若考虑圣贤的存在面貌，我们会发现他们并不再把注意力放在满足自身欲望，或攸关自我的考量（如是否自我整合）。他们关怀的是他人的福祉，全体和谐美好的生活。这让我们思考：即使荀子有时会为道德转化提供攸关自我的理由（如满足欲望等），不过这些很可能只是为未转化的心灵所提供的理由，让人们受到吸引，却不是道德转化的终极目标。

[58] 此言亦可见于《论语·宪问》，意义相近。

[59] 如见《解蔽》《性恶》。

[60] 如见《礼论》19.15。

[61] 如见《劝学》1.9。

人的态度与情感适当,即是将文化带入一个人的容貌、举止与气度,使人不至"夷固僻违,庸众而野"[62]。这种教化牵涉到一个人原初能力的发展,以及自然情感与欲望表现的优化:不仅适时予以引发或停止,也适时调节强度,同时赋予适当的意义[63]。经由这样的教化与学习,一个人不只行为受到调节,心的判断合于理,他的自然倾向也经转化而变得优雅合宜,他所成就的德与善也展现在他美好与喜乐的存在中[64]。

礼的本质,在于顺人情以调节人际关系。荀子认为,在礼中情感和态度的改变应足以表明关系的亲疏贵贱[65]。这对人际关系的引导调节以解决潜在或实际上的(包括内在或外在的)冲突相当关键,对道德转化来说也是不可或缺的。的确,对荀子(或普遍儒家)而言,道德转化主要是经由调节导正个人与他人的关系而实践,而理想的自我状态——圣——便是在人际关系中臻于完美的状态[66]。对儒家来说,最基本也是最被强调的德行与善——仁——便是关涉人对他人的态度与人际关系。一个人转化后的美,在重要的意义上来说,便展现在他与他人的关系中。笔者稍后会根据儒家"仁"的概念进一步说明这种美好的存在状态。

现在先简短总结:到目前为止,笔者承袭邓小虎的基本立场而发展出来的荀子理想自我的主张,笔者称之为"实质自我导正":《荀子》中的理想自我,是经由学习与实践儒礼,对有导致恶的倾向之本始材质不断有意识的加工形塑所达成的美好成果。这加工形塑是根据一套文化与群体对人性的诠释,目的在教化人的自然状态并为所有人带来和谐的生活。人心本有反思能力,能对自身欲望与行动作出评价与选择。经由对自身的加工形塑,人心逐渐采纳儒礼背后的

---

[62]　如见《修身》2.2。

[63]　如见《礼论》19.13,19.14。其意亦与孔子"文质彬彬"之说契合。

[64]　许多重要著作,如 A. S. Cua 的 "Dimensions of *Li* (Propriety): Reflections on an Aspect of Hsün Tzu's Ethics" (*Philosophy East and West* 29.4 [1979]: 373−394) 和庄锦章的 *Early Confucian Ethics*,都为这部分讨论提供许多宝贵资源。笔者也在本期刊另一篇文章谈论礼乐化性如何可能,以及一些相关问题,见王华:《礼乐化性:从〈荀子〉谈情感在道德认知与判断中扮演的角色》,《中国哲学与文化》2016 年第 13 辑,页 39−67。

[65]　如见《礼论》19.14,19.18;《儒效》8.24。

[66]　如见《解蔽》21.15。

规范性框架,而能作出合乎理的评价与选择。此外,人的其他原初能力(如作社会区分、形成社会关系)与基本情感倾向等也获得培养与引导。这些能力与倾向的表现受到文化调养,整个人的存在状态获得提升,变得美好而喜乐。

之前提到儒家自我的两个面向,都在这个主张中扮演重要角色。人心具有反思与判断能力,扮演着反思行动自我的角色。这个角色对自我转化极其重要:心会对自身欲望、倾向与行动作出评价与选择,但是这个判断并非没有依据。转化前,可想见人已经置身在某种文化之中而得以汲取某些判断依据⑥。更重要的是,经由学习,心得以采纳儒家规范性框架,能对自身选择、自身社会关系,甚至个别社会规范进行进一步反思,判断其是否符合儒家规范性框架,而作出自我导正。并且,儒家规范性框架根据的是一种对人性的诠释。这个诠释本身也可能依据反思(尤其是圣贤的反思)而进行调整修正、自我导正。这些都是自我"反思行动者"面向的展现,对自我道德转化是不可或缺的。

另一方面,荀子认为人必群居,人必须发展并妥善运用其作社会区分与形成社会关系、社会规范的原初能力,最终学习儒礼以转化自我,才能达成和谐与共善。经过这个评价、采纳与实践规范性框架的过程,人们才能一起建构最符合身处环境以及既存文化的对人性的诠释:儒礼。诚然,儒家对人性的诠释,根源于群体在文化中的互动,而人必须透过实践儒礼,以采纳这个由自己与他人共同建构、涉及社会关系的儒家规范性框架。经过这个过程所产生的理想自我,必然将自己视为社群的一分子、社会关系与社会秩序中的一部分,并据此规范自己。在这个意义下,一个人在社会关系与社会秩序中的地位,构成了人的核心身分,而这就是社会性自我的形成。也就是说,经由道德转化,反思行动面向的自我逐渐接受、甚至支持自身慢慢由社会性自我所形塑。在这个理解下,自我的两个面向之间可以合理并存,

---

⑥　如前所述,儒礼根植于文化,因此在转化前人们已处于文化之中。信广来对这点提出有启发性的说明:"中国思想家将其听众视为具体的个人,并拥有由其成长中深植的社会秩序所形塑而因此与他们一定程度上相同的关怀与观点。"（Shun, "Conception of the Person in Early Confucian Thought," p.194；笔者中译）

并没有不良的紧张关系⑱。(以上是笔者"实质自我导正"说的第一步说明。这个看法与前述"实质自我控制"说法的差别,在下一段对自我丧失的讨论中会更清楚。)

至此可见,理想自我与他人之间的关系是规范性的,这个关系是经由众人接纳与实践礼而建立起的。这个说法中自我与他人之间连结的重要性看来像是衍生自个人所接纳的规范性框架。也许有人会担忧:他人,对于自我而言,是否只是这个规范性框架的化身?然而,以上并不是笔者对儒家他我关系的完整看法。笔者认为,道德转化改变一个人的意识状态,使转化后的自我与他人有更亲密而直接的连结。笔者在讨论"仁"之后会对这个转化有进一步的说明。

五、实质自我导正:经由自我丧失来形塑自我

根据笔者对《荀子》中理想自我的说法,很明显可看出其中的"自我"并非一种恒定不变的存在——在自我形塑的过程中,自我是不断变动的。笔者接下来论证:荀子式的自我转化是经由自我丧失以及与他人相连所达成。在这个自我形塑的过程中,人在三个意义下会丧失自我:(一)人会丧失部分其天生的倾向(也就是荀子所理解的人性)与世界互动中所自然形成(或至少未被导正)的表象,虽然这些表象有可能被这个人认同为(过去)自我的一部分。(二)人在历经礼的训练与实践过程中,会失去对自身"扎实、全面的掌控"。这是因为在这段过程中,人其实无法具体而全面地了解礼的教化是如何在自己身上产生作用,他也无法预测转化后的自我有何确实的存在样态。(三)转化后,人会失去原本在意识中以自我为中心的倾向,他的自我会与他人实质相连。笔者"实质自我导正"这个主张因为观察到上述三个面向的自我丧失,故此应与前述"实质自我控制"式自主以及"现代自主理想"区别开来。这部分的论文以文本辅助,初步探索这些意义上的自我丧失。

---

⑱ 此一支持本身也可能是反思的产物,但不应是无中生有,或是从一个更高、更超然的立场而来,而应该是经由一个接近反思平衡(reflective equilibrium)的方式得出。

（一）自我之"状"的改变

荀子强调礼在化性中的重要角色。他对"化"的说法是："状变而实无别而为异者，谓之化。"[69]"状"可以理解为"表现出的状态"，如"老幼"或是"蚕蛾"皆是一物不同之状；"实"则为"本体"，如幼变为老、蚕变为蛾，但其实对其物来说同一无别[70]。那在化性之中，何者为"状"，何者为"实"？可以注意：荀子在《正名》中对"性"其实有不同的说法，第一为"生之所以然者谓之性"，第二为"性之和所生，精合感应，不事而自然谓之性"。对此二句的解释，常见的说法是："生之所以然者"是指天生的"生理之性"；"性之和"为人之"心理能力"，有生长之力、知能之具；"精合感应"则是耳目等与所闻见之外物相接合而产生感应，所自然形成的倾向或状态[71]。笔者在另一篇文章提供了文本分析来讨论礼乐化性的问题，并论证第一用法中的性应理解为天生的官能、不具体的生理与心理趋力、倾向等，也就是性之"实"，笔者称之为"狭义性"，是不能改变的天性。第二用法中的性应理解为包括"狭义性"与其作用于日常生活经验"自然"产生，由耳目感官、心理能力与外物"精合感应"而培养出的较具体倾向与表现，也就是性之"状"，笔者称之为"广义性"。"状"则是可能经由"伪"（人心的思虑学习与长久努力的累积）而改变。对荀子来说，那些自然形成、尚未被导正的"状"是人性在其所处环境的自然表现，而它多半导致争夺与混乱，因此有礼乐化性的必要。"化性"便是由于礼乐等对"（狭义）性""加工"，导致源于"（狭义）性"并经过一般生活经验所自然形成的心理结构与行为（也就是广义性、"状"）的改变，成为理想自我。

可以看出，在自我形塑的过程中，一个人逐渐失去自身基于天性（狭义性）在与世界互动中自然形成、尚未被导正的自我，而转变成理想的"伪"、理想自我。形塑出来的理想自我，便是转化后的"状"，部分由狭义性构成，部分由伪（包括礼的实践以及对儒家规范性框架的采纳）所构成。也因此，道德转化会令人失去某一部分的自我不只是

---

⑥⑨ 《正名》22.6。

⑦⓪ 此解可见于《荀子今注今译》，页519。

⑦① 此解可见于《荀子今注今译》，页512；王先谦：《荀子集解》（台北：艺文印书馆，1973）内的注解亦同。

某种自我表述或是跟自我有关的内容,而可能是自我的一部分——可以想见,虽然只是表象,一个人在转化前仍可能将此表象视为自我认同的一部分,而依据这部分的自我理解世界、透过行动与世界互动。

另外,这种状的改变也牵涉到一种自我控制的丧失:如前所述,荀子理论的一个特色,在于这个构成理想自我的规范性框架主要是由他人(圣贤、社群)所提供。将自我托付在这个主要由他人提供的规范性框架中而成就新的自我,便是放弃了自我作为自我控制与自我诠释的充分来源。这种自我丧失与之前所提及的本真性与原创性的问题相关,也因此,从强调自主(或自我控制)的观点来看,在一些例子中(如 Williams 的艺术家例子)这类自我丧失可能会被视为是需要斟酌的[72]。但这类自我丧失,对荀子来说,是一件好事。

(二)朝向未知的旅程

上一段谈到的自我丧失相信是相当符合常识、容易理解的。接下来笔者论证:由于道德转化牵涉到对礼的学习与实践,这种转化可被理解为一趟朝向未知的旅程。将自己委身于这样一趟旅程,也是一种意义下的自我丧失。在这个状况下,一个人同样无法宣称自己对自我拥有厚实意义下的完全控制。

不同于其他形式的道德教育(如跟随老师研习经典、学习思辨),礼的实践(以及乐的陶冶——另一种荀子强调的教育形式)直接牵涉到人类情感、动机与身体倾向。如前所述,礼的实践作用在调节、优化整个人的各个层面。荀子认为礼可以调养人认知、情感与感官等能力。实践礼的经验帮助人培养品味、改变人的信念与判断、澄清一个人的志向,并调节人的情感、欲望及其表达[73]。

值得指出的是:即使礼的设置是根据一种对人性的诠释,不过在转化之前人们对礼的作用及个中原因并没有清楚的认识。荀子在

---

[72] 除了 Williams 的艺术家例子,Peter Railton 提到"好论断的艾德"(judgmental Ed)的例子也十分相关。在这个例子中,艾德决定采纳一个规范性框架,依其判断并行动。但是从此衍生出的论断与态度其实与他原初的情感倾向(关怀他人)有冲突。此时问题是:哪一些倾向与态度对艾德来说才是"他的"、更称得上是"本真"的? 见 Peter Railton, "Normative Guidance," in *Oxford Studies in Metaethics*, vol.1, edited by Russ Shafer-Landa (Oxford: Oxford University Press, 2006), pp.3 - 34。

[73] 如见《礼论》19.2;《乐论》20.9。

《礼论》中解释了许多重要礼仪的缘由，但是要完全掌握礼，人们还是必须跟着老师亲身学习并实践礼。荀子多次指出，跟随老师与礼的实践对道德教育的重要性，比如《劝学》中这一段便非常清楚："学之经，莫速乎好其人，隆礼次之。上不能好其人，下不能隆礼，安特将学杂志、顺《诗》《书》而已耳。则末世穷年，不免为陋儒而已。……不道礼宪，以《诗》《书》为之，譬之犹以指测河也，以戈舂黍也，以锥餐壶也，不可以得之矣。故隆礼，虽未明，法士也；不隆礼，虽察辩，散儒也。"如果一个人在学习中不跟随老师指导而想依赖自身的想法来做，根据荀子的说法，就是如同"以盲辨色，以聋辨声"，是完全行不通的[74]。诚然，荀子认为虽然大部分的人试着遵守礼，其实并不了解礼[75]。

因此，对礼的实践虽然会改变一个人的认知、情感和身体倾向，人们却不知道这个改变如何发生。事实上，除了一些经典（如《论语》《荀子》）中对圣人与德的笼统描述外，人们也无法确定这个改变具体来说意味着什么。从这里可以清楚看出，不但一个人的理性与感性能力不足以为自己提供自我诠释，或创造自身的规范（如前所述，这造成转化中第一个意义下的自我丧失），这些能力甚至不足以在一个人的转化中引导自我。一个人立志跟随老师学礼、实践礼，可谓将自我委身于自己的老师以及儒家规范性框架下，开放自己身心灵让整个人随之改变，踏上未知的旅程[76]。此时，虽然道德转化也许是自愿的，也是反思下的决定，他可谓对儒家规范性框架与他人（包括制礼的圣贤、文化背后的群体，以及所跟随的老师）让出了对自身的掌控。这是转化中第二意义下的自我丧失[77]。

（三）意识的扩张：在关系中丧失自我

在转化的过程中，一个人开放自身的身心灵，让礼乐来调节或甚

---

[74] 请见《修身》1.12、2.11。

[75] 《法行》："礼者，众人法而不知，圣人法而知之。"

[76] 杨儒宾在《恍惚的伦理——儒家观想功夫论之源》（《中国文化》2016 年第 1 期，页1—19）一文中，指出祭礼之前的斋戒礼仪是影响一个人的意识状态，使人有机会放松维持日常人格同一性的心理机能，而进入恍惚之境，得到新的经验。本文这里讨论的情感与身体的开放性（vulnerability）也许可以以此方法理解。

[77] 先前提到，对荀子来说，不是任何文化与群体对人性的诠释都可能成为儒家规范框架，而必须是圣贤的设计。这里的讨论也进一步提供这个坚持的理由。

至重塑自己的各种倾向。可以合理推测，在这个过程中，人的意识状态也随之改变⑱。有鉴于上一段对未知旅程的讨论，笔者并不打算宣称自己真确知道圣人的心理状态。然而，儒家经典仍提供了许多材料，让吾人思考探究。笔者在此集中讨论儒家的核心德性——仁。之前提过，"仁"关涉到人对他人的态度行为以及人际关系，是儒家最基本也是最被尊崇的德行善性。理想自我的美的一个核心表现就在其仁德。采纳儒家规范性框架并将其内化，如何能转变一个人的意识状态从而成就仁的表现？笔者的论证是：道德转化改变一个人的意识状态，使其焦点得以扩张——在个人的意识中，他人会结构性地与自我连结，成为自我关注的对象，而一个人对自身的关注也会被重塑，当中包含对他人的觉知与关怀。笔者主张这便是理想转化中第三种意义下的自我丧失。

孔子认为"仁"不只是可能的，也是对每个人易于接近的德性。他说："仁远乎哉？我欲仁，斯仁至矣。"（《论语·述而》）然而，如曾子与颜渊的感慨所示，易于接近并不表示能轻易达成⑲。仁人的境界为何？为什么"夫仁者，己欲立而立人，己欲达而达人"？

"仁"调节个人对他人的态度和人际关系，在《荀子》中被视为是核心价值与品德。仁的基本概念是对人关怀、爱人⑳。然而这种爱与关怀并非一视同仁没有分别，而是有亲疏差等的爱，并有其适当的表达方式。仁展现于一个人的想法、言语、行为与情感中，其表现应由礼、义来引导与节制。荀子在《大略》中明言："亲亲、故故、庸庸、劳劳，仁之杀也；贵贵、尊尊、贤贤、老老、长长，义之伦也；行之得其节，礼之序也。仁，爱也，故亲；义，理也，故行；礼，节也，故成。仁有里，义有门。仁非其里而处之，非仁也；义非其门而由之，非义也。推恩

---

⑱　值得注意的是，社会心理学与脑神经科学目前有越来越多研究表明，东西方不同文化塑造了不同的自我建构方式（例见：S. Han and G. Northoff, "Understanding the Self: A Cultural Neuroscience Approach," *Progress in Brain Research* 178.C [2009]: 203－212）；也有研究发现，东西方不同的生活方式（西方较强调独立，东方较强调互相依存）形成脑部活动的差异（例见：M. de Greck et al., "Culture Modulates Brain Activity during Empathy with Anger," *Neuroimage* 59.3 [2012]: 2871－2882）。这些都是相关的有趣发现，但由于篇幅考量，本文不多加讨论。

⑲　请见《论语·泰伯》。

⑳　《大略》："仁，爱也，故亲。"

而不理，不成仁；遂理而不敢，不成义；审节而不和，不成礼；和而不发，不成乐。故曰：仁、义、礼、乐，其致一也。君子处仁以义，然后仁也；行义以礼，然后义也；制礼反本成末，然后礼也。三者皆通，然后道也。"⑧

　　荀子视仁义为最重要的德，认为两者皆应由礼义引导并展现于礼。然而，仁与义的作用并不完全相同。荀子在《不苟》中言："君子养心莫善于诚，致诚则无它事矣。唯仁之为守，唯义之为行。诚心守仁则形，形则神，神则能化矣；诚心行义则理，理则明，明则能变矣。"这段话不容易理解，有许多不同的诠释⑧。比较没有争议的部分是："诚"，一般解为诚其意、不自欺，是养心的首要工作；诚心后，还应守仁行义才能转化。注意到这里心对于仁在于"守"，而行为应该"合于义"。吾人可推测，"仁"在这里比较类似动机，而"义"比较类似行为应符合的规范。那么，仁作为关怀、爱、动机，具体来说表现为何？

　　由于"仁"是关爱众人，因此虽然君子自然便会关怀自己的家人，他会在这个自然的基础上，依循礼义的引导，将他的关怀扩展至他人——这是他的价值选择的结果，是志于道的表现。对于一个转化后的人，对他人合宜的关怀便是他的基本态度。他不再仅专注于自身或是个人利益，因为这些不是他最重要的考量。荀子常使用"恭""敬"来形容仁人的态度⑧，这可以理解成仁人对道的恭敬之心，也可看出他不再以自己为中心而将他人放在自身之前的态度。荀子在《性恶》中，将这种经由"伪"的转化而改变个人的注意焦点，说得很清楚："今人之性，饥而欲饱，寒而欲暖，劳而欲休，此人之情性也。今人饥，见长而不敢先食者，将有所让也；劳而不敢求息者，将有所代也。夫子之让乎父、弟之让乎兄，子之代乎父、弟之代乎兄，此二行者皆反于性而悖于情也。然而孝子之道，礼义之文理也。故顺情性则不辞

---

⑧　荀子多次表明，"仁"以及其表达必须以礼义为规范。另一例为《臣道》13.8—9。

⑧　西方学者如 Knoblock 和 Hutton 也提出非常不同的翻译。参见：John Knoblock and Zhang Jue、张觉，《大中华文库汉英对照——荀子》（*Library of Great Chinese Classics Bilingual Version in Both Chinese and English: Xunzi*）；Eric L. Hutton, *Xunzi: The Complete Text by Xunzi*（Princeton：Princeton University Press, 2014）。

⑧　《荀子》中多次提到这点，如《不苟》《臣道》《正名》等。

让矣,辞让则悖于情性矣。用此观之,然则人之性恶明矣,其善者伪也。"[84]

在转化后,这种注意焦点不同的意识状态是自然发生而非有意而为的——这会成为个人意识结构性的一部分:当我进入一个情境时,会知觉到情境中的他人;当我考虑不同的行动可能性时,会想到情境中的他人会如何受影响;某些在逻辑上是可能的选择(如将自身放在首位而忽略他人),可能不会出现在我的意识中成为选项;而一些其他可能的选择(如虽然对自己无利但是对他人有利的行动),则可能开始出现。我的关怀及于他人,而我的意识的焦点扩张了:在我的意识中,他人会结构性地与自我连结,成为我的焦点。

这里笔者借讨论孔子"夫仁者,己欲立而立人,己欲达而达人"这句话的意涵,进一步阐明此意识结构性的改变。对这句话一个常见的诠释是仁人以自身为例,将一己所欲施予于人。这个诠释相当合理,也令我们认为孔子也许不只是专注于一般被视作较为被动的"己所不欲,勿施于人"的教导,只求不带给别人困扰磨难,而也积极追求他人的利益福祉。然而,这句话还有一个面向值得注意:仁人在想成就自身的福祉时,会先为他人而行。为什么?一个值得考虑的理由是:这时,在他心中,他人的福祉其实构成了自身的福祉。此时仁人并不是因为希望追求自身福祉,而视达成他人福祉为此目标的手段或工具,进而先勉力成就他人;也不是在心中对他人和自身的福祉作一个衡量与比较,而决定他人的福祉可以优先。对仁人而言,他人的福祉"构成",或"就是"自身的福祉的一部分。在这个意义上,他人在意识中结构性地与仁人自我连结,成为注意的焦点。

另外,在转化的过程中,一个人不只注意焦点扩张、转移了,他对自己的想法和对情境的理解也会因为加入了关系的结构而产生改变。转化前,人将自我与他人区别,只关怀自己,满足自身的欲望。然而,由于礼特别强调人际关系与个人在关系中的角色[85],礼的实践让一个人渐渐将自己视为关系中的一部分,例如是儿子、晚辈、朋友,

---

[84] 荀子在《荣辱》与《性恶》其他段落中也有类似说法。

[85] 荀子在《礼论》与《大略》章对此有许多说明。

或者社群中的一员。他此时不仅觉知到他人,也觉知到自己与他人的关系。他对自身的意识及关注,被重塑而包括对他人的觉察,以及和他人相连的自己。他不再是一个独立于他人的存在。在他接受了儒家规范性框架而转化后,他整个人接受了新的世界观而与他人紧密连结起来。此时,他失去了他过去的自我,那个独立的、与他人分离的、被他视为优先的一种存在。杜维明把这种转变说得很清楚:"儒家礼仪的一个明显特征,在于在一个人的自我养成中不断地深化与扩大对他人存在的知觉。"⑧这便是第三个意义下的自我丧失。

值得注意的是,前两种意义下的自我丧失主要是关于自我认同和自我控制,而这个意义下的自我丧失是关于意识中自我的改变。这个意义下的自我丧失,是强调自我应是独立的、与他人区隔开的那类思想(如现代自主理想)所不乐见的。

厘清这部分的转化的意涵后,我们可以回头讨论一个之前提出的问题:对于仁人来说,他人对自我的重要性是否仅由儒家规范性框架衍生而出? 如笔者之前所论,仁人对于他人的关怀是有差等的,这份关怀也必以合礼义的方式表达。对于仁人而言,他人是否仅是其所遵循的规范性框架的化身,只是刚好扮演了关系中另一方的角色,而仁人的关怀仅在于好好扮演自己的角色? 如果真是这样,仁人与他人之间的关系似乎相当薄弱:他对他人的感受、与他人之间的关系,都有其道德信念作为中介,而与他人没有真正厚实而亲密的关系。这种情况下,仁人可能其实面对道德疏离的问题。

若然本文的重构正确,《荀子》中的理想自我并不会有道德疏离的问题。这是因为对仁人而言,他对每一个人的关怀都是真实而具体的。这份关怀的表达的确会受到礼义的引导与约束,但是关怀的背后是对对方真实的情感,真心地视人如己。如笔者所指出,仁人对他人和自己的看法都在转化中改变了,这份变化在于仁人意识状态的结构已然不同。他人与自我之间的关系这时表现在何为他的注意焦点,他如何思考和感受自身行动,以及如何看待他人与自己。一个转化后的人,与他人的关联是实质紧密的。这份连结并非成圣的手

---

⑧　Tu, *Confucian Thought*, p.114.

段,而是圣人存在状态本身。

六、结 论

本文探讨了他人与他我关系在《荀子》自我转化与理想自我中扮演的角色。笔者介绍了儒家自我的两个面向:反思行动者面向与社会面向,并指出二者之间似乎存在的紧张关系;接着检视邓小虎对礼与社群在自我转化中扮演角色的说法,并以其基本立场为基础,发展出对《荀子》自我转化与理想自我的诠释。笔者意图借由对这个诠释所牵涉到的"自主"问题的探讨,探究在这个诠释中自我的两个面向之间可能的紧张关系。笔者先厘清"自主"的不同意义,讨论《荀子》中理想自我在何种意义下可称为"自主",以及此种自主的特殊性。荀子式自主有别于"现代自主理想"与"实质自我控制",应被理解为一种"实质自我导正"。笔者并进一步论证,"自主"中常被强调的"独立"与"自我控制"等特征,其实并非《荀子》中自我转化的终极或重要目标:虽然荀子强调"心"的反省与主宰能力,但他对道德转化主要的关心并非在于达成独立的、完全的自我控制,而是在于对自我加工,形塑出一个美好的、与他人实质上紧密相连的自我。在这个转化过程中,个人在三个意义下失去自我。

根据笔者的诠释,在自我转化中,一个人将自己托付给儒家规范性框架,而此框架是根植于文化与群体对人性的诠释。在这个过程中,人将失去其人性与世界互动自然形成的表象以及自我诠释,失去对自身完全的掌控而踏上朝向未知的旅程,也失去以自我为焦点的意识结构,而建立与他人的紧密连结。这些意义下的自我丧失,制造了自我与他人之间,以及自我的两个面向之间的紧张关系。然而,这份紧张关系不必被视为一个问题,反而是理想自我动态式的、辩证式的形成中必要的张力:它让我们保持开放与灵活。荀子强调:在礼中仍应思索[87],礼者顺人情也[88],而文理情用应相为内外表里[89]。这份

---

[87] 例见《礼论》与《大略》。
[88] 例见《大略》。
[89] 例见《礼论》与《大略》。

自我与他者之间的张力,让我们与世界有真实的连结,也让我们有机会接触到更理想的感受与更适当的想法,而不会陷于抽象的规范、纯粹的意识形态,以及孤独的自我。对于荀子而言,这是成为人的必经之道。

以“色”喻“礼”：一个中国古代类比思维的辨析*

林启屏**

内容提要：本文以新出土文献《孔子诗论》中“以色喻于礼”一语之分析为重点，探讨先秦儒家处理“身体”遮蔽与彰显的课题时，其背后所主导的类比思维方式，借以论述儒家学说中“礼”与“身体”的关联性，从而说明“身体”实践在儒学思想中的目的性价值，而非工具性的手段意义。其中主要的研究进路，将以“以色喻于礼”的历来研究成果为基，说明学者所主张的“礼”对于“色”的限制性观点，忽略了古代思想家如何积极面对生物性生理本能之努力。文中以“喻”为核心，说明在比拟或晓喻明白的字义解释中，古代中国的类比思维将影响“身体”之论述，从而展现一种“本能身体”与“规范身体”合一的观点。

关键词：色、礼、喻、类比、身体

一、前　言

“礼”是先秦儒家学说中的重要观念，甚至可以说，“礼”观念构成了儒学的核心观念。而且由于儒家思想对后来的中国历史发展，有着重要的影响，因此“礼”的内涵也就形塑了中国文化的特质。事实上，从“礼”字义的构成来分析，我们看到其中牵涉到原始习俗的神圣活动，身体行动的规范性，以及价值系统的内在性，甚至也与社会国家的制度面相关，可以说“礼”的身影灌注在人类的诸般生活之中。是以“礼”实是构成中国文化内涵的概念家族中，最为丰富的一个观念。其中，相当值得再进一步思考的层面，可以聚焦于“身体”。因

* 本文为台湾科技部专题研究计画“新出土文献研究与古代儒学的发展：以‘礼’为观察视角”(MOST104－2410－H－004－173－MY3)之部分成果，撰写过程感谢庄胜涵、杨舒云、王志浩三位同学协助收集资料，参与文献讨论。

** 台湾政治大学中文系特聘教授。(电邮：cplin@nccu.edu.tw)

为，如同古义"礼者，体也"①说所呈现出来的情形，"体"既是行礼的载体场域，同时也具有"体之"的行动实践概念。当然有关传世文献的"礼"/"体"研究，已有诸多讨论，胜义纷披，本文无意循之而行。本文反而希望探讨"体"/"礼"的行动背后的类比（analogy）思维方式问题，借以厘清本能身体与被规范化后的身体一致性，其实是儒家"礼"学的一个重要面向。因为在古代社会中，"礼"的活动是人们聚焦所在，"体"则容易被视为工具，甚至成为被抛弃与忽略的对象。但是"体"/"礼"的行动中，"礼"实透过"体"而彰显，"体"亦因"礼"而真实。此中"体"/"礼"关系的建立，与类比思维的运作实为密切，相当值得研究。本文之作，即是期待经由古代"类比思维方式"的分析，可以重新正视"体"的意义。以下将从新出土文献《孔子诗论》中的"以色喻于礼"一语的分析为起点，探讨先秦儒家如何透过类比思维方式，论述"身体"实践在儒学思想中的目的性价值，而非工具性的手段意义。

二、本能意义的身体：色

人作为存有者而言，与世界上的各种存有物一样，共同存在于逻辑的律则中。然而作为生物性的存有者，"本能"（instinct）却是我们无法回避的生物性特征，透过这些本能行为的表现，构成我们生物族类繁衍与存在的可能。不过，人类文明的建立不可能只是基于此种生物本能行为的反应而已，相反地，许多文明的进展经常是建立在对于生物本能行为的对抗或是引导之上，从而展开及提升各自文化的价值体系。是以，面对这个属于"人"的生物本能行为，中国文化自有其处理模式，"礼"的出现与实践便是其中的一种应对方式。事实上，如前所述，"礼"内涵所涉的面向多方，但一个重要的节点必须是聚焦在"身体"上。不管是祭祀时的虔敬表现，或是人际关系中的应对模式，甚或是国家制度仪文的设计里，"身体"所代表的象征动作都是一

———————————

① 郑玄《三礼目录》曰："礼者，体也，履也，统之于心曰体，践而行之曰履。"请参黄奭辑：《黄氏逸书考》（台北：艺文印书馆，1970），页1。

种意义的展现,以及价值趋向的宣告。因此,本能意义的身体当是古代思想家必须面对的课题,也是本文要深入论述之前必须先处理的部分。

人作为生物,繁衍族类延续物种的存在,确实是我们的生物性使命。不过,即使人的此一生物本能的真实性无可质疑,却并不意味着人必然仅受到生物本能之制约而行动。若果相信如此,且以为人的身分仅具生物性意义,而任人的情欲流窜,美其名是为了种族繁衍,或更从有机体的目的论着眼,自诩以"生存"为最高价值,则"禽兽"与"人"将何别?先秦的思想家从开始产生"人"与"物"有别的自觉意识以来,"人禽之辨"即为当时议论的主轴之一,我们至今可以在诸子的言论中检索得见。是故,人与动物共有生物本能的事实,先秦思想家当不至于不知。然而,他们却仍努力从各种途径突围,在"几希"之处,试图捍卫人的独立自主之尊严,这成就了先秦诸子的思想发展。其中儒者的看法即是相当具有文化代表性的观点。当然,这里面的思想发展,值得注意的课题与突破的对象即是在于生物性的"身体"本能之上,但是遗憾之处也在这里,因为在"突破"之后,"身体"却反而成为思想家所遗忘的对象了。但真的被忘了吗?"身体"是否仍然透过其他方式继续影响着我们所建构的文明价值呢?由于此问题涉及下节"类比思维"的讨论,容待下文分析。底下先从"色"的相关讨论切入,说明其中关乎"身体"的讨论。

"色"一字除了"颜色"的中性用法之外,其他诸义大致都会与"身体"连结起来,而且环绕在此字的相关概念与意义,主要是与"情""欲""性"等近乎"生之欲力"(libido)的意义家族相连结,是以此字所凸显的生物本能之特征,意义相当清楚。先秦儒者对于这个真实的现象,深有体会。例如孔子面对卫灵公好女色而不尊贤,便曾叹曰:"吾未见好德如好色者也。"[2]意指卫灵公重视生物本能的面向高于德行价值的追求。不过,这不是说儒者对于"色"的情欲生理现象,就必然以"隔绝"或"遏止"来处理。事实上,在孟子的相关言论中所表现出来的态度,恐怕更接近先秦儒者处理这类议题的"共同立场":

---

② 《论语·子罕》,朱熹:《四书章句集注》(北京:中华书局,2003),页114。

引导而非禁止。在《梁惠王下》曾提及齐宣王的事，或可为佐证。
其言：

> 王曰："寡人有疾，寡人好色。"对曰："昔者大王好色，爱
> 厥妃。《诗》云：'古公亶甫，来朝走马，率西水浒，至于岐下。
> 爰及姜女，聿来胥宇。'当是时也，内无怨女，外无旷夫。王
> 如好色，与百姓同之，于王何有？"③

孟子当然明白宣王所述的人性欲望，也清楚一旦任情欲流动而不思
王政，则国家的颓败危机，恐会发生。因此，孟子试图从"推己"的角
度引导宣王能在正视自己的情欲之余，又能满足人民之相同需求，使
男女家庭的关系如常，以健全社会秩序之基础。此一说法的全貌，自
有其更为宽广的脉络而须从"好勇""好货"而至"好色"来说，但不管
其目的是否仅在于社会秩序的维护，其实孟子说法的背后都不会只
集中在这些琐碎的问题上，而是在兼顾了人性需求与秩序之间，强化
"道德价值"意义于人们的行动中。因为"推己"背后的"存心"，不是
由好利之心所构成，而是出乎关心他人的"仁"心所决定。是以在重
视人民美好生活的维护上，"仁心"发为"仁政"即是其思考的预设。
但是，本文必须再一次说明，日后宋明儒者在"天理人欲"对列架构中
所作的诠释，例如朱子对此段文字的诠解，相当程度代表了一种轻易
的二分方式。思想家或许无意使之全然对立，但对列的架构却容易
纯粹化儒家的道德立场，进而可能遗失了"人性"的另一个真实面意
义的把握。这不应当是先秦儒者处理问题的全貌。朱子说：

> 愚谓此篇自首章至此，大意皆同。盖钟鼓、苑囿、游观
> 之乐，与夫好勇、好货、好色之心，皆天理之所有，而人情之
> 所不能无者。然天理人欲，同行异情。循理而公于天下者，
> 圣贤之所以尽其性也；纵欲而私于一己者，众人之所以灭其
> 天也。二者之间，不能以发，而其是非得失之归，相去远矣。

---

③ 《孟子·梁惠王章句下》，朱熹：《四书章句集注》，页219。

> 故孟子因时君之问，而剖析于几微之际，皆所以遏人欲而存
> 天理。其法似疏而实密，其事似易而实难。学者以身体之，
> 则有以识其非曲学阿世之言，而知所以克己复礼之端矣。④

朱子虽然明白在一个实然的状态下，好色与好货、好勇"皆天理之所有，而人情之所不能无者"，但他也清楚地指出孟子所论的目的却是要"遏人欲而存天理"，因为"天理人欲，同行异情"。所以"人性"真实的一面，包括生之欲力的好色本能，反而在论述的策略下成为禁遏的对象。朱子如此干净地划分，看似突出了人的道德价值面向，但同时将人原有的生物性面向转视为负面而当压抑，如此则反而割裂了人的完整性，人恐怕失去其为"人"的可能性。事实上，先秦儒者处理人的道德崇高与人性本能之自然，不是以对立二分或是舍弃的模式为之。相反地，他们在思考人的本能问题上，以高度的谅解与积极态度，认为两者间不是一种排斥关系，而是相成的关系。这点在未经后代儒者修改与润饰的新出土文献中，亦可以窥见其要。

上海博物馆所藏楚简有《孔子诗论》一篇，学者已有相当丰富的研究成果，不管是篇名是否改为"卜子"，或是作者是否为子羔，以及简序与相关内容的分析，学者所发表论文的量与质都达到了一定水准⑤。其中有一段文献的内容与本文关心的课题相关，此简论及"色"与"礼"的讨论，第10简言：

《关雎》之改、《樛木》之时、《汉广》之智、《鹊巢》之归、

---

④　《孟子·梁惠王章句下》，朱熹：《四书章句集注》，页219—220。

⑤　《孔子诗论》出现之后，学界便有相当多的研究文章，其中一开始聚焦的议题是关于篇名究竟是"孔子"还是"卜子"之争，有学者主张当为"卜子"，亦即本篇是"子夏"的诗论。由于先秦文献中有子夏传《诗》的纪录，是以有一些学者据此主张当为《卜子诗论》。不过，近来此一争论渐歇，尤其经过许多文字合文的研究之后，多数学者接受了"孔子"之说。详细讨论，请参杨泽生：《上博竹书研究（十篇）》，《战国竹书研究》（广州：中山大学出版社，2009），页111—126。其次，若确定为"孔子"的诗论，则有关作者的讨论，其实就不应成为最重要的议题。因为古代关于孔子的言论多由后代弟子所记，且有时非出于一人之手，因此争论何人全记录此批文献，有时未必可以得其情实。从子夏、子羔，到其他弟子或许皆有可能。相关论述，请参廖名春：《出土简帛丛考》（武汉：湖北教育出版社，2003），页13—24。至于简序问题，则学者各有不同排法，本文不一一缕析。

《甘棠》之报、《绿衣》之思、《燕燕》之情，曷也？曰："重而皆贤于其初者也。《关雎》以色喻于礼。"⑥

此枚简文所示"以色喻于礼"，引起了许多学者的讨论。其中关于"重"字的讨论，意见不一，但大致上围绕着"重复""看重""动"等意思⑦。不过，尽管有着些许不同解释，但多数的主要意见都见到了"色"在本能表现上的意义，以及先秦儒者如何"驯化"此一来自生物性的自然本能，转而成就社会化过程的规范价值。其中曹峰的说法相当具有代表性，因为他的论述涵盖了孟子、荀子与《五行》等说法，并深入分析这些文献之间的思想轨迹及其类近或差异之处。基本上，他认为《孔子诗论》的"色""礼"关系，与《五行》二十五章说文及荀子的观点有其内在一致性，这些文献都关注到"情欲"的泛滥需要以"礼"节之。虽然其间尚有《五行》说文的"色""礼"说与《五行》主体思想略异的问题，但这批文献（《孔子诗论》《五行》《荀子》）的思想倾向较为一致，而不与孟子的论"色"相同⑧。他对于《孔子诗论》的观察如下：

一，"色"是一种"情"、一种"欲"，或者说是一种生而有之的本能的"性"。二，"好色"是一种正常的情欲，只有当它超越一定限度，有害于社会时，才需要借助"礼"之外力去加以克制。三，《孔子诗论》论述关雎的宗旨何在？显然，此乃

---

⑥ 《孔子诗论》，收入马承源主编：《上海博物馆藏战国楚竹书（一）》（上海：上海古籍出版社，2001），页139。其中部分文字之隶定，或参考曹峰、黄人二等人之分析。请参曹峰：《上博楚简思想研究》（台北：万卷楼图书股份有限公司，2006），页31—39；黄人二：《上海博物馆藏战国楚竹书（一）研究》（台中：高文出版社，2002），页19—64。

⑦ 黄人二就整理诸家之说，认为濮茅左、李零、何琳仪读为"动"，周凤五读为"重"，释为"重复"，黄人二虽从周凤五之说，但解读为"看重"。张宝三认为应解为"动"，意即"有所动作"。见黄人二：《上海博物馆藏战国楚竹书（一）研究》，页42；张宝三：《〈上博一·孔子诗论〉对"关雎"之诠释论考》，《台大中文学报》第21期（2004年12月），页7。

⑧ 曹峰认为《五行》二十五章说文为了解释经文"喻而知之，谓之进之"，因此引了《关雎》诗句来解释，且以"由色喻于礼"作为全章结论，其中说文内容将"色"解读为"情欲"，虽与《孔子诗论》相同，但反而与帛书《五行》经文的其他"色"字解释，多从"容色"解读的方向不同，所以经文与说文恐有不一致的地方。详细论述，请参曹峰：《上博楚简思想研究》，页74—84。

强调"诗"是"礼"之教化的重要手段和工具。不光从"关雎
之已",从简10"樛木之时、汉广之智、鹊巢之归、甘棠之保、
绿衣之思、燕燕之情"中也能看得出来。廖名春先生认为
"关雎之已、樛木之时、汉广之智、鹊巢之归"是对好色本能
的超越,"甘棠之保"是对利己本能的超越,"绿衣之思、燕燕
之情"是对见异思迁本能的超越,而这些本能最终得以由浅
至深,达到"贤于其初"(简10)的地步,是在得到礼的教化
之后,才得以升华的。⑨

曹峰的说明,相当清楚以"本能"释"色"的意义,也认识到此一生物性
本能必须在"礼"的节制与提升下,方不至于危害社会秩序的稳定。
此一观点与多数的学者大抵一致,其间或有一些小差异,但不妨碍其
立论立场的相同。例如马承源以"窈窕淑女"解"色"⑩,则"女色"为
此文句之实。此说于文献上亦可通。不过,女色引发君子之求,其实
仍然是涉及生理情欲本能的行为。所以《孔子诗论》在处理"礼"与
"色"的关系上,本能行动的自自然然,就在"礼"的引导下,构成了合
乎"理"的习俗社会。如此则"礼"便成为一种外在的限制概念与规
范。当然,曹峰在其他篇章的讨论中,也曾注意到《孔子诗论》对于
《关雎》的理解与汉代政教化之后的走向不同,他认为"《孔子诗论》对
于《关雎》的解释要原始纯朴得多,虽然既尊重人欲,又强调'礼'的约
束,但几乎没有多少政治化的色彩"⑪。所以人的生物本能在这个阶
段并不就是应当抛弃的对象,廖名春所谓的"超越"也就不会是以"舍
弃"为内涵。但有趣的是,就《孔子诗论》而言,"诗"就是引导生物本
能走上合于理性的一种手段,所以不管是《关雎》《樛木》《汉广》《鹊
巢》《甘棠》《绿衣》《燕燕》诸篇所涉之本能倾向为何,"诗"面对本能
行为的升华功能,或是超越的完成,都提供了一个建构合于礼文精神
社会的可能性。是故,以《孔子诗论》的文字来思考,其背后所隐藏的
意义,或许仍然有其整体社会脉络的价值体系之层面,不须全然舍去。

⑨　曹峰:《上博楚简思想研究》,页73—74。
⑩　马承源主编:《上海博物馆藏战国楚竹书(一)》,页140。
⑪　曹峰:《上博楚简思想研究》,页44。

　　曹峰的说法，叙明了"礼"在身体上的强制性作用，这是一种由外在规范转化身体的观点。"身体"在这里的意义与价值，看似仅处于"被克服"的视野而出现。不过，对抗"身体"究竟要呈现出何种意义与价值？是个人的道德主体意识必须经由"身体"对抗，方能显豁？或是社会秩序的稳定与制度规范的遵守，需要透过"身体"的整饬，方能展开？从前述的讨论看来，学者们颇重视此一由外而内的进路。可是，人的生物本能意义与道德价值的关系，难道只有"克"的对抗关系吗？先秦的思想家真的是以如此的模式在思考吗？我们能否转换视角，改从身体角度出发来看待人文活动之发展？更进一步说，《孔子诗论》如此精简的文字，是否仅能由这种二分或对抗模式处理？或者稍微友善一点地说：我们其实是从"引导"而非"对抗"的视角观察？或是更积极一点，我们有没有可能再重回"本能"的角度，思考"色"与"礼"的关系，并彰显其道德价值发展的可能轨迹？上述关乎身体与礼的研究，学者不再持单一立场，而能以多元的态度与立场，分别正视两者的消极与积极关系，但是相关研究较少从思维方式切入。以下我将以"类比思维"的角度，进一步分析"以色喻于礼"中的"喻"，试图从此一思维方式的运作中，呈现"本能身体"在"礼"文明中的积极性意义。

三、身体的表现、转化与类比思维

　　基本上，"身体"作为人的生物性行动载体，提供了我们各种行动的可能。没有身体，人类文明的建构将不可能。没有身体，人文的意义也将成梦幻泡影。但是，身体受到时间、空间、因果等限制，是以这是个"有限"的存在。而吊诡的是，人类文明却是从这个有限的存在出发，企图突破各种限制，展现出人文普遍的价值与意义，是为即有限而无限。缘此之故，"身体"当是成就人文意义的根源，包括知识、价值、美感等，无不环绕此一有限身而展开。然而正如前文所述，学者们多从二分、对抗、引导的角度来处理"身体"，因此在思辨次序的自然排列下，身体经常成为派生的角色，尤其在建构人文世界的诸多意义活动时，得鱼忘筌，得意忘言，"身体"即是被"忘"或被扬弃的对象。此一立场，向来为思想家们思考的取向，但是如果进行"翻转"思考，或许"身体"在人文活动中的意义，仍将有其积极的正面角色，值得重新注意。本文认为古代思想家在处理身体与文明价值的合一性关系时，"类比思维"其实就蕴含着合一的可能，只是一直以来透过类比思维的书写，经常被视为一种修辞技巧，无涉乎本质关系。因此，身体所隐喻下的文明表现，遂隐去了身体背后的真实存有意义，身体与文明仅剩简单的生物关系连结。因此，本文将经由"类比思维"与存有的紧密关系，说明古代"礼"文明的建立，"身体"所扮演的角色不是工具而已，而是有其目的关系的可能。以下由《孔子诗论》"以色喻于礼"中"喻"的分析，厘清这层次的意义。

《孔子诗论》"以色喻于礼"的提法，包含着三个重要的概念，其中"色"与"礼"是两个相成或相抗的对象，而"喻"则构成此一命题关系的关键。从相关的研究来看，多数学者注意到"礼"的限制者角色，其限制的是属于身体情欲本能的"色"。但是，"礼"既是一种对于身体行为的规范限制，可同时也是一种身体的"表现"，也就是说，"礼"是不是必然只有限制的意义？其实还有讨论的空间。此外，如果"礼"的表现意义，不是只有看重其外在言容形式的表现意义，而有肯认身体立文的可能性，那么我们可以注意的地方，的确就不必拘束在"限制"视角下的对抗关系。以此而言，"喻"的理解就显得相当要紧，而可能是另一种理解"以色喻于礼"的钥匙。从文献的脉络说，同篇简18 论及《木瓜》一诗时，"因《木瓜》之报，以喻其怨者也"，简20"币帛之不可去也，民性固然，其隐志必有以喻也"，皆有"喻"字。简良如认为：

> "隐志"之"隐"，或释为"吝"、"离"、"湣"。"离"与"湣"意指对诗旨或诗志之背离和不明，然而《木瓜》诗人"匪报也，永以为好也"的态度明确，不应采纳二说。"隐志"、"吝志"则都着眼志的含藏未发，但"吝"乃有意为之，"隐"则仅是对不显状态的中性描述，基于诗人仍借礼赠表达心志，没有刻意隐瞒之意思，"隐志"当较为适切。随后"必有以喻也"之"喻"，原简作"俞"，或释为"逾"、"抒"、"输"、

"偷"、"愉"。该字与"隐志"情况相对,应以扩清后者为意
思,"逾"、"偷"、"愉"等故不相合。反之,"抒"为抒发,"输"
指倾泻,均有表达志意的意思,似可适用。不过,简文"俞"
字于第10、14简有关《关雎》的论评文字中亦曾出现,该字
读为"喻"几无争议,唯解释略别:马承源原考释引《论语·
里仁》"君子喻于义,小人喻于利",以"喻"为明白、晓喻;饶
宗颐等举马王堆帛书《德行》篇,以之为譬喻"比拟"。案:
《诗论》固然曾于第14简"以琴瑟之悦,拟好色之愿;以钟鼓
之乐□",将《关雎》琴瑟之悦、钟鼓之乐视为对好色之愿的
比拟,然而,比拟、譬喻,终究只是从文术创作这一角度言,
"晓喻"、"明白"始直接阐明内在实质之转化。[12]

以上述的说法为起点,"喻"的意义大致可从"晓喻、明白"与"比
拟"来看,多数解《孔子诗论》此话语的学者,大致也以上述的意思为主。
事实上,这些对于"喻"的解释虽或有差异,但其实在意义家族的层面
上,都有交集之处。因为进行比拟的修辞语文运作,其目的即是要晓喻
明白文字背后的事理。而值得注意的是,两者大概都有不同程度涉及
差异物事之间的类比关系,进而使两造的意义因相近或相对立而明朗
的意思。关于这个层次的问题,苏以文曾经指出人类的语言行动中存
在着这样的一种现象,也就是说"拟人化"(personification)的隐喻性
行动可以有助于人们理解许多抽象现象,他认为:

> 在每一个语料中所谈到的抽象事物都有某些特性被突
> 显,被比拟为人的特性。也就是说,我们用某些"人"所具有
> 的特性来了解这些抽象事物,这也正是隐喻性语言使用的
> 精髓:以一个我们比较熟悉的范畴(人的范畴:包括脚步
> 声,夺取,体质,和敌人),来了解一个较难理解的范畴(抽象
> 事物的范畴:包括春天,健康不佳的状态,经济状况,和通货

---

[12] 简良如:《人、物本然之一体——〈孔子诗论〉"民性固然思想阐释"》,《台大文史哲
学报》第77期(2012年11月),页49—50。

膨胀的问题）。我们可以说，大家熟悉的拟人化修辞法，也
只不过是一个实体性隐喻中较为特出的例子而已。⑬

不过，必须点出的是，此种譬喻类比关系不应当仅仅表现为一种
文字的修辞技术。事实上，《孔子诗论》此处的"喻"的内涵与作用，恐
怕有比修辞层面的思考更为丰富的内涵。也就是说，如果"色"与
"礼"的关系，既然是可以以"喻"来连结，则"色""礼"两概念的背后
可思考层面，或许不必然只具有语意表达技术的问题思考而已，而应
当有更为深层的意涵值得讨论。王梦鸥就曾针对文学活动中的譬
喻，进行分析，其论当可提供我们作为论述的参考，他说：

> 其实譬喻的作用，必有并置之二物，如 A 之比 C，我们
> 在它之间所可推求得的只是二者之类似点，如 B。倘要更在
> B 以外推求不相干的东西，则反成依从继起意象的表现，那
> 种表现，一方面趋向于神话，一方面趋向于隐语或谜语，它
> 们的价值皆限于实用上，也就是于满足知解之后，便即完
> 事。唯有神话，较富有想象性，也就较具有审美价值。⑭

这段文字点出在简单的两物"类似点"虽可提供理解认知的需求，但
除此之外，譬喻的作用更可能有一些深沉的文学审美意涵于其间。
因为当譬喻所生的连结，要在 B 以外进行新的思考，召唤更丰富的意
义时，则须依靠"继起意象"产生的理解作用，以强化意义的密度，甚
至提升至"审美"的层面，从而协助我们掌握 A、B、C 之间更为根本性
的内涵。而这种语言行动或与"神话"思维的方向脱离不了关系，此
时"譬喻"的行动中则将蕴含着更为丰富、更为根本的人类认知意义
于其间。所以"譬喻"即使是从文学修辞的角度出发，此种认知活动

---

⑬　苏以文：《隐喻与认知》（台北：台大出版中心，2005），页 21。事实上，学者注意到
此种实体性隐喻的认知作用，应该是与"身体"的经验有关。因此，我们可以知道"身体"作
为人的行动载体，其实是我们讨论"真实"议题的起点。相关论述请参郑毓瑜：《引譬连类：
文学研究的关键词》（台北：联经出版事业股份有限公司，2012），页 20—21。
⑭　王梦鸥：《文学概论》（台北：艺文印书馆，1982），页 156。

的展开，亦非只有字面的客观实证意义之理解。

　　然而，值得我们再思考的是，譬喻在人类的认知与理解过程中，既然不是只有字面意义的理解价值而已，甚至可以触及更为深刻的存在性问题，则譬喻在人类文明建构中的价值应当如何看待？郑毓瑜曾将文学解释活动中的"替代"与"类推"模式的发动，视为是感知者意义接收与呈现之可能，其中"替代比兴"着眼于事物之差异，而推类模式则在乎聚合事物[15]。郑毓瑜的讨论虽然是处理古代文学书写的特殊性，其背后实触及了譬喻问题的作用方向。尤其在关乎类推的讨论上，郑毓瑜就针对董仲舒《春秋繁露·天辨在人》中一段涉及四时节候、人、德行的比附文字，进行分析，以此作为其探讨诗、赋体类的依据。其言：

　　　　董仲舒所谓"当阳者，君父也"，并非如毛、郑仅截取"露见日而晞"来比拟君尊臣卑的情态，在这大段引文中，所谓"合类"的"相似性"，其实以一种"整体"的方式全幅呈现：这面南向阳既是天下草木昆虫出入生落的关键，同时也就是君王任德用刑的施政方针，更包裹在天之时气节候与人之气性情志相互交感，更迭有序的天人宇宙中。这里并不只是两两个别现象的类比，而是有一个更根本的原则来统合多方，也就是这段引文最后所谓"阳贵而阴贱，天之制也"；我们固然可以中断这连结，去追问某个别事物与列队中其他事物又是如何形成对应关系，但是，显然这不是董仲舒的重点，他的目的明显在于推求一种持续生发的视野，而且这视野不断在证验天人之间整体的秩序。换言之，两相对应的意义不是最终的目的，连通后的整体理路才是唯一的揭示，所有持续引生的事物都为了成就一个类应通感的宇宙图志。[16]

---

[15]　郑毓瑜：《引譬连类：文学研究的关键词》，页 217。
[16]　同前注，页 218—219。

郑毓瑜认为类聚模式的"认知"召唤，绝非简单的文字理解，而是为一种"整体"视野的思维方式所笼罩，并且基于感通的宇宙图志所使然。虽然他也认为此一模式，须有一庞大体系的"物"知识，以供理解者可以"在不断的记忆与重组之间反复扩增"[17]，我们才能在主体的相与"环绕、包裹"之中，完成意义的掌握。事实上，此处所谓"物"的世界，当指人们所处的世界而言，不过此一世界不能只为客观的静态世界，时间性的因素促使此一世界成为"传统"，因为外在于我的这些事物的存在，在经过历史时间的实效影响下，早已形成固定的意义网络，而可以象征人的各类情感与价值。于是对于此一物世界的"知情者"而言，"物"世界的存在即能够构成召唤意义的作用。因此，这种文学思考中的"类推"方式，将触及中国人认识世界的模式，深入中国传统认识论的基础[18]。其实，此处所论也许以"渗透"来说明，当更能凸显"主体"在此一情境中的状态与内涵。因为，人们将两物联系起来的理解，我认为"理解者"更是其中的关键，只有透过理解者主体力量的主动介入，一个文化传统所构成的"物"的世界，才能成为此一传统中的人们的理解之源。由此观之，如果文学活动所涉之理解、解释、表达，尚且须从主体的意义深层来思考，那么思想论证过程中的"喻"，就有再深入思考的空间。或许我们从"譬喻"的背后思维——"类比"（analogy）先进行推敲，可能有更多的讯息，供进一步思考。

13世纪著名的神学家波纳文德（St. Bonaventure, Giovanni Fidanza）在论述上帝与受造物之间的关系时，运用了"类比"原则来讨论"相似性"的问题。基本上，波纳文德认为受造物与上帝的相似性关系，就是一种类比，此为模仿者与被模仿者。此种类比不同于"比例"的相似性关系，原指两类不同物件的集合关系[19]。不过，柯普斯登（Frederick Copleston）指出他后来从"相似性"的原则中，又进行了两类相似性区分，"完全适用于本性的相似"以及"从分享共同本性而来的相似"，并且在此基础下思考了两个关于比例性的相似，其一为"依

---

⑰　郑毓瑜：《引譬连类：文学研究的关键词》，页216。

⑱　同前注，页215—220。

⑲　Frederick Copleston 著，庄雅棠译，傅佩荣校订：《西洋哲学史（二）——中世纪哲学》（台北：黎明文化事业公司，1988），页379。

比例性的相似"，其二为"适合于秩序的相似"。同时也认为如此之类比，更适合用来处理人与上帝的关系㉑。柯普斯登说：

> 波纳文德说，每一个受造物是上帝的踪迹，而且两种类型的类比（模仿者对原型的类比，以及比例性的类比）均可应用于每一个受造物。第一种类比，受造物是上帝的结果，而且借着神性观念相应于上帝。第二种类比，受造物也产生了结果，虽然不是和上帝所产生的结果一样。（因为受造物不是它结果的全部原因。）可是，虽然每一受造物是"上帝的踪迹"，这种受造物之于上帝的一般顺应性，比较起来还是比较疏离一些；有另外一种类型的相像性比较密切一些，比较明显，而且仅仅适用于某些受造物。所有的受造物都受上帝的命令，可是直接受命令的只有理性的受造物，非理性的受造物只有间接地被命令。只有理性的受造物知道上帝；可以颂赞上帝，而且自觉地服事上帝，因而也与上帝有更大的相合，比起受造物有更大恰当的秩序（convenientia ordinis）。恰当的秩序愈大，则相似性也就愈大、愈密切、愈显明。这样密切的相似，波纳文德称之为"肖像"（imago）。每一个受造物都是上帝的踪迹，可是只有理性的受造物是上帝的肖像，因为它的灵性能力与上帝相似，通过此种相似，他可以越来越与上帝相一致。㉑

波纳文德所关心的课题在于上帝与受造物的关系，但却是通过"类比"思维来进行推论。事实上，有限的人如何去意及无限的超越者？恐怕是一个不可能的任务。不过，哲学家绝不会因此而放弃思考其中的可能性。而从波纳文德所进行的方式来看，"类比"的思维方式其实可以牵涉到最终极的存有问题，而不只是一种修辞技术而已。因此，在面对受造物与上帝的关系中，受造物既然是一存在之事实，

㉑　Frederick Copleston 著，庄雅棠译，傅佩荣校订：《西洋哲学史（二）——中世纪哲学》，页380。

㉑　同前注，页380—381。

则各种殊异的"受造物"与上帝的关系是否一致，便不得不成为问题。波纳文德乃在"相似性"的类比思维中，建构存有与终极存有之间的可能性关系。此一思路将"人"与"物"透过"理性"元素分了开来，人之为受造物与上帝的关系，比起其他受造物有着直接的命令与更恰当的秩序之关系。由此可见，类比思维运用所及，绝非文字技术的技巧而已，而是可以关联到更为深层的存有之问题。而且此一论述的切入点，蕴含着"主体"的被确认，尤其在具有位格（person）者上。如斯，则类比的明白晓喻所关联的问题，当与主体的内涵相涉。

当然，值得我们关注的是，传统中国文化中也经常运用类推法（类比），进行思想论辩，只不过东西方在运用此一思维时，各有其特殊性。黄俊杰与刘殿爵都认为孟子是最懂得运用类推法的思想家，黄俊杰更认为孟子以此法巧辩当代论敌，相当成功。特别是孟子运用了类推法所达成的论证目标，使得论敌告子在"仁义内外"的争议上，不得不服气②。此外，古代中国人认识世界确实也是在"物感气应"的类推模式下，建构其"天地人"合一的世界观，如《礼记·月令》与《淮南子·天文》对世界的描述，都可以看到此种类比思维的痕迹㉓，甚至可以说这种"类比"的基础，正是"感应"的思维模式。不过，必须再加以说明的是，此种物感气应模式下的类比思维，不会是以简单的形式排比对应为之，其背后的理路不可能以一种线性的思维模式来支撑。李约瑟（Joseph Needham）将中国古代的这种思维方式称为"关联式的思考"（correlative thinking），他说：

> 这一种直觉的联想系统，有它自己的因果关系以及自己的逻辑。关联式的思考方法绝不是迷信或原始迷信，而是其自己独特的思想方式。H. Wilhelm 将它与欧洲科学特有的思想方式"从属式的思考"（subordinative thinking）互相对比，此种思想方式偏重于事物外在的因果关系。在"关联式的思考"，概念与概念之间并不互相隶属或包涵，它们只在一个"图

---

② 相关论述，请参黄俊杰：《孟学思想史论》（台北：东大图书公司，1991），页4—12。

㉓ 《礼记·月令》与《淮南子·天文》在天象与人事及物候的连续性描述上，其实正是一种类比式思维之呈现。

样"（pattern）中平等并置；至于事物之相互影响，亦非由于机械的因之作用，而是由于一种"感应"（induction）。……符号间之关联或对应，都是一个大"图样"中的一部分。万物之活动皆以一特殊的方式进行，它们不必是因为前此的行为如何，或由于他物之影响；而是由于其在循环不已之宇宙中的地位，被赋与某种内在的性质，使它们的行为，身不由己。如果它们不按照这些特殊的方式进行，便会失去其在群体中之相关地位（此种地位乃是使它们所以成为它们的要素），而变成另外一种东西。所以万物之存在，皆须依赖于整个"宇宙有机体"而为其构成之一部分。它们之间的相互作用，并非由于机械性的刺激或机械的因，而是出于一种神秘的共鸣。㉔

李约瑟的观察相当有趣，其所分析的现象正好凸显了古代物感气应的思维特色。当然，李约瑟的说法实存在一些问题，尤其将东西方的思维方式截然二分，认为古代中国缺乏"自然律则"，或是此种关联式思考必然在本质上与西方机械冲击或因果不同，以及存在着不可通约之情形㉕。这些问题恐怕都有再检讨的空间。不过，他所提出的此一思维现象，确实在古代中国的生活世界有着高度的影响力。从历史的实然角度，其说或有不足处，从哲学理论的立场以论，其说亦有疏漏的地方，但是其观察所得，却点出中国古代认识世界的一种模式，值得注意。我们知道，此种建立在感应模式下的认知方式，确实与今日习惯物我二分、主客二分、事实与价值二分的认知模式，有着不同的进路，甚至可以说这里所谓的认知更具有根源性之倾向。《易·系辞上》的文字可以清楚地说明此一事实：

㉔　李约瑟（Joseph Needham）著，陈立夫主译：《中国之科学与文明（第二册）》（台北：台湾商务印书馆，1985），页 466—467。

㉕　冯耀明相当深刻地分析李约瑟"关联式的思考"是"自然主义"（naturalism）的谬误，论文也清理了道家思想乃非科学进路的问题。详细论述，请参冯耀明：《论所谓中国古代的自然主义——评李约瑟的观点》，《清华学报》新 39 卷第 4 期（2009 年 12 月），页 507—511，520—525。

是故形而上者谓之道,形而下者谓之器,化而裁之谓之
变,推而行之谓之通,举而措之天下之民谓之事业。是故夫
象,圣人有以见天下之赜,而拟诸其形容,象其物宜,是故谓
之象。圣人有以见天下之动,而观其会通,以行其典礼,系
辞焉以断其吉凶,是故谓之爻。极天下之赜者存乎卦;鼓天
下之动者存乎辞;化而裁之存乎变;推而行之存乎通;神而
明之存乎其人。默而成之,不言而信,存乎德行。㉖

此处古代中国人透过"象"的认知方式,在"拟诸其形容,象其物宜"的
理解模式下,将自然天地与人间事物,甚至是伦理关系联系起来。也
就是说,天地的超越与自然、人事、伦理乃一体流行的诸多面向之呈
现,超越与现象界、人与自然、意识与世界、内与外,都不应视为断裂
的关系。我们可以说这正是以一种类比感应式的思维方式认知世界
的模式,但重点是此种类比感应式思维不是仅仅在 A 与 B 之间,寻找
现象相类点,并以之为语言活动之理解辅助而已。可以说,中国人的
此种思维方式将自然与人文联系起来,使得外在的客观实体与自我
的主体性,并非是断为两橛的存在。这是一个相当有趣的文化现象。
因为构成类比思维的可能,究竟是一种纯粹的思考形式之习惯,或是
其中蕴含着人们对于世界的想象? 这是有必要加以说明的,尤其面
对处于古典时期的先秦时代的思想家。严格来说,我们思考其中之
关键,或许应当从"气"的角度出发,才能获得较为清楚的方向。以此
而言,古代中国思想家对于这个问题,其实有着高度的共识,此一共
识便是建立在"气"感的世界观上。关于这点,同样在《系辞上》的文
字就具体说明了如此的设想:

《易》与天地准,故能弥纶天地之道。仰以观于天文,俯
以察于地理,是故知幽明之故。原始反终,故知死生之说。
精气为物,游魂为变,是故知鬼神之情状。与天地相似,故

㉖ 朱熹:《周易本义》,王弼、韩康伯、朱熹:《周易二种》(台北:大安出版社,1999),
"古典新刊之五",页250。

> 不违;知周乎万物,而道济天下,故不过;旁行而不流,乐天
> 知命,故不忧;安土敦乎仁,故能爱。范围天地之化而不过,
> 曲成万物而不遗,通乎昼夜之道而知,故神无方而《易》
> 无体。[27]

《系辞上》注意到天地万物的基础在于"气",并以"精气"称呼之。当然,从中国古代典籍的相关记录,我们可以看到古人基于自身的理解亦是由"血气"的经验展开,因此对于"气"其实是有着深刻的体会。杨儒宾从古代文献的血气论述中认为中国古代"既然气贯天地人,意识、自然与知觉同体,因此,所谓的疾病遂不只是病理之事,它也是广义的道德问题。反过来说,调治血气虽是养生之事,但它同时也是某种的道德实践"[28]。是以,"气"自是"流行/形"于一切。如此一来,"精气为物"的世界观里,所有的"物"之差异,不得不与"气"相关,而且不仅是客观实体存在之问题与气相关,同时"气"亦牵涉道德价值的实践问题。因此更进一步说,人们之所以会认为"拟诸其形容,象其物宜",具有认知理解的合法性,实与"气"有着密切关系。职是之故,中国古代类比思维的运用,归根结底是建立在"气感"的世界观之上。基于此,当《孔子诗论》在论诗的观点中出现"以色喻于礼"的说法时,"色"与"礼"同时分享了"体",虽然一就生理之自然本能言,一就道德实践的意义而论,但两者却能产生相互晓喻明白或比拟之关系。因此在气感的思维里,我们确实应当从"喻"的思维方式入手,以期更能于接近文字原意之外,深化其中所应当具有的文化深层意义。

回到《孔子诗论》的脉络来论,"以色喻于礼"是在《关雎》解释下的评论,是以学者们将"色"视为是情欲本能的表现,此一说解自然是可以接受的,毕竟这首诗所叙述的内容与男女追求相关。不过当诗歌被"以色喻于礼"加以评论后,《孔子诗论》的此一说法乃从"概念"层次走向"命题"关系,而"礼"又是构成另一端的"概念",于是两者

---

[27] 朱熹:《周易本义》,王弼、韩康伯、朱熹:《周易二种》,页237。
[28] 杨儒宾:《儒家身体观》(台北:中研院中国文哲研究所,1996),页42。

的关系成为命题内涵的重要问题。其中，"以色喻于礼"在"喻"是明白晓喻的意思下，多数的学者倾向认为是一种"限制"的观点，由是儒家的身体观点为何？便成为解释此句话的关键。曹峰对于"色"与"礼"关系的解释，即是从身体情欲本能受到"礼"的限制，进而完成道德行为的角度出发。因为在这个观点下，男女之间生理欲求的表现，不能只从生物性的角度来说，而需要从社会化的方向，阐明道德意识的发展应当从原始冲动的生命形态，被理性化为合乎社会习俗之身体。

这是解释《孔子诗论》"以色喻于礼"的多数看法，张宝三也说：

> 《孔子诗论》中有关《关雎》诸简中，明显可见其以"色"与"礼"对举，其诠释《关雎》之主旨乃强调由"好色"进而"喻于礼"，此即所谓"改"。《孔子诗论》之诠释盖以《关雎》之前半部乃言"好色"，其后转而"喻于礼"，故简十言"贤于其初者也"。人若能抑制其"好色"之思，透过"琴瑟"、"钟鼓"，进而合于礼，则其所思之境界必有所提升，故简十云："《关雎》"之改，则其思益矣。……《孔子诗论》以"改"诠释《关雎》一诗之要旨，当在强调《关雎》之内容中，由"好色"至"合礼"间之改易，此种由自然本性转而提升至修德好礼之层次，正是历来儒家所极重视之课题。[29]

上述说法隐含着"琴瑟""钟鼓"所构成的物世界，即是一种具有象征性的意义世界。更进一步说，"琴瑟""钟鼓"演奏场合所需的一切行动，代表着理想中的社会化历程与价值（礼）。而《孔子诗论》作者为文之目的，即是要彰显此种生活世界的秩序感。所以深入考究《孔子诗论》的文字，我们可以发现"琴瑟""钟鼓"所象征的意义，绝非单指乐器的乐理活动，而是指向这些礼乐生活的一举一动所带来的生活模式及其意义。换句话说，《孔子诗论》的作者乃经由此一生活的部分物件（琴瑟、钟鼓），以象征其背后的整体文化价值，是故"合礼"才

㉙　张宝三：《〈上博一·孔子诗论〉对"关雎"之诠释论考》，页7—8。

是全文的目的，而且是合于秩序要求下的儒家主张。职是之故，"好色"虽然是生理之情欲本然，可是在社会化的习俗中，实为有待"改"之的对象，如此方能提升人的品味。张宝三的说法与曹峰的意见是一致的，"礼"作为引导的角色，"色"的本能须要"改"之，而"诗"便是礼乐教化的手段之一。此外，简良如也说道"琴瑟之悦、钟鼓之乐视为对好色之愿的比拟"，不应当只是一种文字书写的技术，重点应在"琴瑟""钟鼓"的怡情，与"好色之愿"的欲情之背后，形成实质内涵的转化（改），才是《孔子诗论》窥见《诗》的创作者之"隐志"所在。这些论述，都对"礼"的规范作用采取肯定的立场，并认为符合儒家学说之精神。不过，以上的观点似乎同时也对"身体"的本能行动能否带来社会化秩序的稳定，不具信心，认为须要加以克服，这实是一种外在观点的视角。

基本上，《孔子诗论》"以色喻于礼"的解释多数倾向于上述观点。本文并没有反对上述说法的意图，但正如前文所论，"以色喻于礼"的命题关系虽在"色""礼"两概念的关系界定后，显现意义。但"喻"在语句构成中扮演着一个显题的观念角色，当我们不宜将之视为是一种修辞式的笔法的情形下，"喻"可以提供我们何种进一步思考的讯息，就有待厘清。更进一步说，"喻"的"相似性"类比思维，在"色"与"礼"的语意方向理解上可以产生什么影响，当有积极讨论的必要，这是本文希望深化古代儒家身体论述的一个侧面。

其实，"色"与"礼"若能由"喻"的连结构成命题关系，则类比思维中"相似性"，就是解读本句涵义的一个切入点。或者我们可以问，"色"与"礼"之所以可以产生相似性的中介何在？以此为论述基点，则"体"当然是两个"概念"共同分享的中介。是以相似性的追索，当由"体"而发。其次，"体"既然是"以色喻于礼"的意义影响源，那么儒家对于"身体"的态度，亦将影响解释的方向。尤其身体如何能"喻明"生物本能的"色"，且使之与价值规范之"礼"达成谐和一致的关系？最后，厘清字面的意义当非难事，但是意义背后所呈现的理论层次为何？这些都是在此一"色""礼"关系检讨过程中，须要清理回答的问题。

就"喻"的理解而言，晓喻明白当是简明的解答。然而，如何在"色""礼"两个在文化价值系统中看似对立的概念，清理出恰当而深刻的意涵，以使语意浑然的"诗旨"得以彰然，看似简单，其实不是容易的事。当然，从先秦儒家的文献来看，以"身体"而能"喻"德性的观点，亦曾出现，例如孟子"君子所性，仁义礼智根于心。其生色也，睟然见于面，盎于背，施于四体，四体不言而喻"[30]的用法，便是从身体为类比的场域出发，借此以明道德实践之义理。因此，能喻明事理的中介，身体当是古代儒者相当看重的一条路径。但是，"体"之所以让我们能"喻"，其故安在？思想家们又如何透过此一有限的生理之身体，进而掌握价值的思考，影响着我们的行动方向。

"色""礼"两个概念共同分享的中介——"体"，确实是连结两端概念的关键，这使两个端点有了"相似性"的开始，而且也是能"喻"的关键。但是相似性在此的内涵意义为何，则须要进一步厘清，不应仅就"共有"的角度言之而已。因为，"身体"作为人的一切存有现象的中介来说，提供了所有的存在的可能，包括了所思、所感、所体、所悟、所行。然而，正如本文一开始所说的，"身体"是有其生物本能的存有现象，无法剥夺。若要剥夺去之，则人而不人。若思想家轻易地忽视"身体"的生物本能与真实之间的谐和性关系，恐怕将会导致一场思想上的灾难。揆诸日后的"礼教杀人"的误解，不正是如此？"礼教"原本能美化人的生命，建构理情合一的社会，但被僵化理解之后，影响更大。但是我们仍然要问：在追求人的提升上，道德发展的可能性伴随着身体而展开，那么在"道德人"的身分，亦是无法任意清除的情形下，则"人"的诸多面向究竟是一种本然的本质性存在，或是发展之后转化的结果？这些问题实困扰着思想家们。于是，看似对立的身体，就在"色"与"礼"之间形成。事实上，人是复杂而整全的存有者，无法仅用单面向的角度理解。所以，"身体"在此一命题中，更显重要。以此而言，则"色"所涉及的"身体"与"礼"所涉及的"身体"，是否有别，亦须辨明。

如果从存在的立场而言，"身体"是人类物种的生理基本身分，这

---

[30] 《孟子·尽心章句上》，朱熹：《四书章句集注》，页355。

同于所有的物类，而为自然所生成。因此，就有机体的目的来说，生存是其最高之目的，繁衍物种有其神圣使命之自然。所以，人在此一自然底因果性之中，展现其存在的方向感，其间并无价值问题可议。但正如康德等许多中西哲人所念兹在兹的，人虽有自然物种之身分，但人亦有其"自由"尊严之需求，以是，人透过意志的自由行使其价值选择的道德勇气，则身体亦是此一行动的载体。因此，身体在自然与自由之间，看似二分，然而在实际存在上，却又是二而一的关系。于是，我们可以进一步追问，此一身体共享的自然与自由，究竟是建立在何种相似性上，使思想家们可以不断地在"身体"之上，虽然看到如万花筒般的特质，却又能在现象的歧异发展中，看到价值的和谐之可能？

　　诚如前引波纳文德的说法，人与上帝的相似，在类比的思维中，可以从"比例"与"秩序"两端理解。其中，所谓"理性的受造物"之所以可以直接接受上帝的命令，而与上帝更接近，是因为这些"理性的受造物"其中的"秩序"关系，故秩序使得相似性愈大。而其他受造物，虽然也是"上帝的踪迹"，但其疏离关系显示在比例或秩序的相似性上，比不上理性的受造物（人）。波纳文德之说巧妙地叙明了人和上帝的关系，不过说到底，上帝和人毕竟仍然不同。但是东方思维中的"天人关系"则呈现出不同风光。《中庸》所言的"天命之谓性，率性之谓道，修道之谓教"虽与此说类近，可是更进一步认为人性受命于超越者，人与天的关系，未必是一种模仿的模式，而应当是"同一"关系，这是就"质"上说，而非"量"的观点，此即为"天人合一"之义。尤其支撑此合一观的是类比思维之气感模式，在理的圣殿里，不舍此身之真实，才使得"天人合一"下的"人"具有主动的意义与价值。这是一个相当有趣的立场，因为以今日的眼光而言，作为碳水化合物的身体所可能有的本能，在认知的意义下，其存在的意义是聚焦在生理性层面，而非价值性的意义。可是，若是考量中国人的思维特色，我们或许不应当用解离的"认知式"观点处理"身体"的诸多问题，而须要从古来"合一"传统下的整体性视野，来思考分享"同一个"身体的生理性本能与价值性意识的呈现与实践，具有某种本质性的同一倾向，而且这是古来思想家们的基本立场。也正是在这个立场下，先秦儒者所见到的身体,生理本能与价值意识的关系,从来就不是分裂的关系。是故,"礼者,体也""礼者,履也""礼者,理也"的出现,绝非意外,也非仅在于声音的类近,其背后实有着意义层次的同一性预设,这是古来中国思想家的思考基础。当然,这个同一性的预设,不是扁平式的预设,也不是任意模糊身体的生理性与价值性意识之间的层次差异。相反地,《孔子诗论》的文字之所以是"以色喻于礼",即表示书写者意识到"色""礼"虽然都是建立在"身体"的同一关系上,但是这当中尚有个需要"喻"的连结工夫,才能使此一"身体"达到真正同一的状态,这就涉及"表现"的问题了。

基于此一思维模式的运作,"喻"的理解,当从一种完成自我表现的角度着眼,而不是以单调的比例类比,作为中国思想家的修辞技术之表现。是故值得深入思考的是,"人"以"身体"存于天地之间,正为天所命,因此人的"身体"虽然有其有机体的生物性本能,故有"色"之生理欲求,然此欲求当然也是天之所命。而人与"道"之间的亲和性关系,则表现出与超越者的相似性,证明了人的身体的价值化,亦是如生理本能一样的自自然然,所以"人"的内在目的自同于最终极存有的"天"。于是,就此而言,生物性的身体与伦理性身体便是一种同一关系,这个预设构成了古代儒家哲人们理解世界的基础,其中论述问题的"支援意识"(subsidiary awareness)[31]即在于"身体"的真实性。清楚地说,"身体"是人们连结客观世界与超越世界、价值世界的载体,我们习惯于认知客观世界,上体超越世界,以及实践于价值世界,无非就是在"身体"的诸般行动中,获得确定性的理解。果如此,则"身体"之于"礼",就不应当只能从限制性的角度理解而已,身体的自我"表现"模式,自我彰显的要求,也是一条理解的方向;"礼"之于"色"的要求,也就不必仅从规范的立场说明,而可以说这是一种"晓喻明白"的自我彰显。于是"以色喻于礼"的意

---

[31] 博蓝尼(Michael Polanyi)以"支援意识"(subsidiary awareness)与"焦点意识"(focal awareness)论述个人知识之形成,其中支援意识具有重要之意义,而为默会致知(tacit knowing),此处所言之身体即具支援意识之价值。请参,博蓝尼(Michael Polanyi)、浦洛施(Harry Prosch)著,彭淮栋译:《意义》(台北:联经出版事业股份有限公司,1984),页36—51。

义，其实是表明生理欲求的本能表现，正是彰明合理的价值意识之手段。人当从身体的表现，证成人的价值，如此，则"色"的恰当表现，便是合理地表现了"礼"的身体的价值意义。关于这点的理解，有助于我们理解与掌握古代儒家思想的开放性，而且从古来论述"五伦"之义时，强调肇端于"夫妇"一伦的立场，即可知道肯定人的情欲本能之表现，在古代的思想家主张中，并非罕见[32]。

最后，再回到《孔子诗论》"以色喻于礼"的解释上，我们可以说：就文意的理解而言，生理喻求本能的"色"之表现，是具有彰明合理社会生活秩序之"礼"的可能。因为，一个完整的群体社会的凝成，无法舍去人的自然生理欲求面向，毕竟人类生理欲求构成社会存在的基础，没有人的生育繁衍，也就不存在社会群体生活的可能。是故，在自然生理欲求的自我表现下，人类群体社会才有存在之可能。然而，一个人类群体的社会，固然是基于身体自然欲求本能的表现，但如果此一身体表现，不只不能构成社会存在之基础，甚至反而成为破坏社会完整的原因，则此一生理欲求本能恐怕无法表现出自我彰显的意义与价值。是以，过当的生理本能欲求，不仅不是身体的自我彰显之表现，甚至是导向自我毁灭的作为。因此，此时"礼"的要求即显现其重要价值，因为合乎"理"的社会化过程，必然追求一种秩序的和谐，即使是基本的生理欲求的表现，也必然要在此一和谐的秩序中完成。如此，才不会只有个人本能之独大，造成既伤害自我身体表现之完成，也忽略了群体社会的和谐。职是之故，"礼"自然是成为身体生理欲求本能表现的指引。所以"礼"反过来彰明了"色"的本能欲求之意义与价值，突显了身体自我彰显表现的合理性。而且可以更进一步地说，"礼"之于身体的行动，从"理"的合理性到秩序性的目的完成，不是只有概念层次的构想，而当有"实践"的工夫层次，身体的实感才能具有意义，儒家思想的实践性意义，也才不至于沦为想象的游戏。

㉜ 当然，在传统中国所形成伦理分位之观念，男女关系固然是关怀重点之一，但以家庭结构的核心主轴而言，"父子关系"自然是中国家庭的显著亲属关系之特性。本文强调"色"的生物本能，注意到古代思想家在伦理分位的价值性要求中，并没有以割离情欲的生物本能来成全社会；相反地，他们意识到这个生物本能的自我合理彰显，才是人类文明建构的基础。有关中国古代伦理社会与家庭结构的关系，请参拙著：《理分：血缘关系架构中的"仁义"观》，《中国文哲研究所集刊》第 44 期（2014 年 3 月），页 143—171。

其中"气"在古代身体思维中的重要性即可显现。因为在一气流行之下，身体的动能与天之命产生桴鼓相应的效果，此时"喻"之晓喻明白，不是修辞技巧，不是认知的分析，也不是处于限制下的被动行动，而是在主动的动能中，展现身体的自我表现与彰显。于是"以色喻于礼"命题背后类比思维的气感模式，让"色"与"礼"构成了一种相互比拟与相互晓喻明白的关系，这个关系具有语意上的相互理解之关系，同时也是存有上相互证成的真实性关系。

四、小　结

《孔子诗论》的"以色喻于礼"文句，在相关的研究中，虽然没有太多的争议，但是"色"之一字，从其概念内涵上由生物生理本能出发，于是在以道德为核心主轴的文化体系里，容易被分类为"消极""否定"的一方，并从语言体系中强化其负面价值的成分。然而，正如以上的讨论，"身体"的生物本能是我们"存在"于天地之间的鲜明载体，失去了此一身体的诸多情貌，则所剩下的价值一面，也将缺乏存在的真实感。是故，"肉身成道""道成肉身"，实让"肉之身"与"道"取得实践可能的关系，两者之间未必是紧张关系。以此言之，"礼"之言"理"，看似表现为一形式的规范行动，实则在"体之"的具体性之下，礼的真实感是切近于人生命的表现。所以本能的身体与规范的身体，不该是冲突与限制的关系，《孔子诗论》中的"色"与"礼"的关系，亦应作如是观，而为自我完成的表现、彰显之关系。当然，"喻"背后的类比思维使这一切成为可能，人们有机会晓喻明白"人"的完整一致性。更甚者，"喻"使人能掌握人的完整性，背后正是基于类比思维的存在真实感所致，人才能以体入礼，进而入理。而理的普遍抽象意义，获得身体真实性的浸润后，圣凡之间的合一，才非虚言。

从北大本与范氏古本的规律用字看各《老子》抄本的异文情况

陈丽桂*

内容提要：在古、今本《老子》中，北大本与范本足为典范。北大本最完备、精美、稳定、严谨。介于古、今本之间的范氏古本，用字也规律、一致、稳定。唯两种善本除第五十九章外，其余 80 章，竟然没有一章两种版本完全相同，它们泾渭分明，各自展现其定本的状态。本文因取以为比对之据点，观测前此各家对应用字之稳定程度，以见《老子》文本在历代传抄过程中之规律与分歧状况之一斑，发现：出土本中，帛书本较为参差，郭店本有自己特殊的用字，也大致稳定；传世本则严本与《想尔》本各有所缺，《想尔》本为便教徒诵习，大删虚字，交杂混用情况最为严重。王、河两本则范氏所见古本与今本有不少差异，傅奕本保留古本最多。

关键词：《老子》异文、北大本、范应元、帛书本、郭店本、王弼本、河上公本、《想尔》本

一、前　言

作为出土本《老子》抄写较后，也是介于出土本与传世本之间的北大汉简本《老子》，与多参采极可能是汉魏六朝以前"古本"的南宋道教学者传本——范应元《老子道德经古本集注》，都是研究《老子》版本流传与异文状况的重要文本。按理说，它们所依据的版本，时代既然都是汉魏六朝乃至先秦以前的"古本"，或许可以见证一些"古本"之类同。其实不然，经仔细比对，整整 81 章中，除第五十九章"是謂重積德"与"謂之重積德"①算是最小的差异外，其余 80 章，竟然没

---

*　台湾师范大学国文系教授。（电邮：likuei@ntnu.edu.tw）

①　本文的讨论，涉及不同版本《老子》用字的比较。如果一律用简体字，则"無""无"之类的字无法比较。所以在引用《老子》原文时，仍保留繁体，论述时则用简体。

有一章两种版本完全相同。但其间许多用字的分别,却是相当稳定而规律,彼此泾渭分明,两种版本隐然显现相当的定本状态。以下我们便以居出土本之末的北大汉简本《老子》与居传世本之末的范氏古本集注,泾渭分明的规律性用字为据点,参照前此三种简帛本,比对流行的传世本,观测各本《老子》或异或同的规律性用字在流传演变过程中的某些讯息。唯北大汉简本与范氏古本章次不同,下文为便于记忆起见,章次悉依"道经"在前的范氏古本。

二、北大本、范本规律性用字与 各出土、传世本之比对分析

大致说来,抄写时间居出土本之末的北大本,与参采南宋以前三十多种古本的范氏本,除了"其"字的运用有共识外,其余各有其自我的用字规律与习惯,而且 81 章相当稳定一致。在四种出土本之中,北大本与郭店本这些规律性用字的使用情况较为一致,马王堆两帛本虽同是出土本,但这些规律性字的使用却较为分歧,而依违于北大本与范本之间。范本则与王弼、河上公等传世本,较为一致。尤其是北大本与范本的区隔,相当清楚明显,一定程度凸显出古今本异流的状况。尽管如此,其间仍有许多分歧交错的情形,有待分析讨论。

(一)"其"与"亓"

帛甲本、北大本与范本皆作"其",四种传世本亦作"其";郭店本与帛乙本则作"亓",帛甲本在不同章次中,亦分用"其""亓"。

相较于范氏古本与北大简本诸多规律性用字泾、渭分明的情况,"其"字是唯一的例外。两种版本对于第三人称代词很难得地,一致都作"其",传世本也悉作"其"。反之,郭店简本与帛乙本则都作"亓",全书 81 章一致无例外,只有帛甲本"亓""其"并用。帛甲本不残缺而相应处有 13 章作"其",23 章作"亓",第五十六章且是"其""亓"交用。这用"其"的 13 章依次是:第一、三、四、七、十一、十四、十六、二十、二十一、二十四、二十六、二十八、二十九各章,悉在"道经"中;用"亓"的 23 章依次是:第十五、十七、三十四、三十五、三十八、三十九、四十七、五十、五十二、五十八、六十、六十一、六十四、六

十五、六十六、六十七、七十一、七十二、七十二、七十四、七十六、七十八、八十各章。内中除第十五、十七、三十四、三十五共 4 章外，悉在"德经"中。而第五十六章"塞亓悶，閉亓□，□其光，同亓塵，坐亓閱，解亓紛……"则"亓""其"交用，共用了 5 个"亓"，1 个"其"。

除了"其"之特例外，北大本与范本许多规律性用字，不论形容词、副词、动词，还是语助词，几乎都呈现泾渭分明的状况，试论如下。

（二）"智"与"知"

郭店本悉作"智"，北大本只第二十一、五十四两章作"知"，其余悉同郭店本作"智"。两帛本、传世的傅奕本与范本悉作"知"，王弼本与河上本则动词用"知"，名词用"智"。

北大汉简本出现"智"字至少有 64 处，分见于 31 章中，依次是第二、三、四、十、十四、十六、十七、十八、十九、二十五、二十七、二十八、三十二、三十三、四十三、四十四、四十六、四十七、五十二、五十三、五十五、五十六、五十七、五十八、五十九、六十五、七十、七十一、七十二、七十三、八十一各章；但第二十一章"吾何以知衆父之然哉?"与第五十四章"吾何以知天下之然哉?"却作"知"。郭店简本与之有相应内容的只有第二、十九、二十五、三十二、四十四、四十六、五十五、五十六、五十七等 9 章，也都作"智"。两帛本与范氏古本却都作"知"。传世本中傅奕本同于两帛本与范本，也作"知"。王弼本与河上公本则凡动词或知道、知晓义作"知"（如第二、十四、十六、十七、二十一、二十五、二十八、三十二、四十三、四十四、四十六、四十七、五十二、五十五、五十六、五十七、五十九、七十、七十一、七十二、七十三、七十八、八十一各章）；名词、形容词或智慧义作"智"（如十八、十九、六十五各章），区分得相当清楚。尤其是第三、三十三章与第六十五章，同一章中同时出现知晓、知道与智慧义的内容时，王、河两本"智""知"并用，却各依意涵、词性所需而区分，运用得相当清楚。第三章王、河两本都说：

常使民無知無欲，使夫智者不爲也。

《想尔》与傅奕本则全作"知"，与范本同。

三十三章王、河两本皆曰：

> 知人者智，自知者明……知足者富。

《想尔》本同王、河本，"知""智"交替并用，傅奕本基本上都作"知"，和范本一致。第三十三章却说："知人者智也。"和王、河本一样，名词用"智"，动词用"知"。

第六十五章说：

> 民之難治，以其智多。故以智治國，國之賊；不以智治國，國之福。知此兩者亦稽［河、严本作"楷"］式，常知稽（楷）式，是謂玄德。

这六十五章也是王、河本"智""知"分明并用，严本、傅本则悉作"知"与范本同。

（三）"無"与"无"

郭店本甲乙组简中悉作"亡"，六十四章则甲组简作"亡"，丙组简却作"無"；两帛本与范本皆作"无"，北大本作"無"；传世本则河、王、严遵、傅奕本同于北大本，都作"無"；《想尔》本最不稳定，既同于范本与两种帛书本，作"无"，又混用"无""無"两者。

北大汉简本凡"有、無"义，字皆作"無"，无例外，至少有 40 处，分别见于第一、二、三、七、十一、十三、十四、十九、二十、二十二、二十四、二十七、二十八、三十二、三十七、三十八、三十九、四十三、四十六、四十八、四十九、五十、五十七、五十八、五十九、六十三、六十四、六十九、七十、八十一等 30 章中。其中除第六十六章，北大本作"無争"、郭店本作"不静"、范氏古本作"不争"外，其余 39 处，北大本均作"無"，范本皆同帛书甲、乙本作"无"。郭店本在与之相应的第二、十九、二十、三十二、三十七、六十三、六十四（甲组）、六十五等 8 章中，悉作"亡"；但在内容唯一出现重复的第六十四章（丙组）中，却作"無"。换言之，在第六十四章重复的内容中，甲组作"亡"，丙组作"無"。六十四章说：

为之者败之，执之者远之。是以圣人亡为古亡败，亡执古亡遊。临事之纪，斳冬女门，此亡败事矣。圣人谷不谷，不贵难寻之货；孝不孝，遽众之所逃。是古圣人能尃万勿之自肰，而弗能为。（甲组简 10—13）

为之者败之，执之者遊之。圣人无为古无败也，无执古□□斳冬若訏，则无败事壴。人之败也，亘于亓廎成也败之。是以□人欲不欲，不贵戁寻之货；学不学，遽众之所逃。是以能尃璊勿之自肰，而弗敢为。（丙组简 11—14）

本章是郭店本中唯一内容重复的一章，除此一例"亡""无"并见外，其余作"亡"的第二、十九、三十二、三十七、六十三、六十五各章均在甲组简中，第二十章则为乙组简。换言之，郭店本凡甲、乙组简均作"亡"，丙组简则作"无"。足证至少丙组简与甲、乙两组简来自不同抄本。

四种传世本王、河、严本皆作"無"，与北大本同；只有《想尔》基本上多用"无"，但二十章却作"無"，说：

善行無徹迹。

十五章与八十一章则混用"無""无"，说：

絶學无憂……忽若晦，寂無所止。（十五章）
道常無為而無不為……吾將鎮之以无名之樸。无名之樸，亦將不欲……无欲以静，天地自止。（八十一章）

就"無""无"的使用情况看来，各本中，《想尔》本也是最不稳定的。

（四）"弗"与"不"

两帛本与北大本皆作"弗"，郭店本有相应处亦皆作"弗"，传世本与范本都作"不"。

表示否定义的字，传世本同范本都作"不"。北大本也大致都作"不"，但仍有 41 处，可能为了刻意凸显其义，却用了"弗"，分别见于第二、十、十四、二十三、二十四、三十一、三十二、三十四、四十一、四十七、五十一、五十五、五十六、六十、六十四、六十六、七十二、七十三、七十七、七十八、八十一等21章中。它们依次是：

> 萬物作而弗辭，爲而弗侍，成功而弗居，夫唯弗居，是以弗去。（二章）
>
> 生而弗有，長而弗宰。（十章）
>
> 視而弗見，聽而弗聞，搏而弗得。（十四章）
>
> 有欲者弗居。（二十四章）
>
> 有欲者弗居……恬偟爲尚，弗美。（三十一章）
>
> 萬物作而生弗辭，成功而弗名有，愛利萬物而弗爲主。（三十四章）
>
> 聖人弗行而智，弗見而命，弗爲而成。（四十七章）
>
> 生而弗有，爲而弗持，長而弗宰。（五十一章）
>
> 蟲蠆虺蛇弗赫，猛獸攫鳥弗薄。（五十五章）
>
> 智者弗言，言者弗智。（五十六章）
>
> 辅萬物之自然而弗敢爲。（六十四章）
>
> 居上□民弗重，居前而民弗害也……天下樂推而民弗厭也。（六十六章）
>
> 弗召自來。（七十三章）
>
> 爲而弗有，成功而弗居。（七十七章）
>
> 天下没弗智。（七十八章）
>
> 天之道利而弗害，人之道爲而弗争也。（八十一章）

这16章36处"弗"字，范本与四种传世本都作"不"，无例外。郭店本第二、三十一、五十五、五十六、六十四、六十六共6章有相应的内容，关键字虽有不同，相应处却与北大本一致，都作"弗"，两帛本除第三十一章有1处作"勿美"，在同一章中有分歧外，其余亦悉作"弗"，与北大本同。

（五）"居"与"處"

郭店本、北大本都作"居"，两帛本也大致作"居"，偶一作"處"。范本则一律作"處"，传世本多同范本作"處"，王、河本交错并用

"居""處"。

北大本凡"處"义皆作"居"，共 16 处，分别见于第二、二十四、三十、三十一、三十八、六十六共 6 章中。

> 聖人居無爲之事……成功而弗居；夫唯弗居，是以弗去。（二章）
> 有欲者弗居。（二十四章）
> 師之所居，楚棘生之。（三十章）
> 有欲者弗居……便［乙本作"偏"］將軍居左，上將軍居右，言以喪禮居之……戰勝，以喪禮居之。（三十一章）
> 大丈夫居其厚，不居其薄；居其實，不居其華。（三十八章）
> 居上□民弗重，居前而民弗害。（六十六章）

郭店本第二、三十一 2 章，共 3 处，与之相应，均作"居"；两帛本凡不缺漏者大致同于北大汉简本作"居"，唯第三十一章末句"以喪禮處之"两帛本一致作"處"，与范本同。范本这 16 处悉作"處"，传世本除严遵本第六十六章作"居民之前"外，其余悉同范氏古本作"處"。唯第三十一章稍前"便［乙本作'偏'］將軍居左，上將軍居右，言以喪禮居之"，除傅奕本作"處"之外，王河、《想尔》本都作"居"。换言之，四种出土本只有两帛本除第三十一章本句偶作"處"外，其余大抵皆同北大本作"居"。反之，传世本则较为参差，傅奕本与严遵本都作"處"，与范氏古本同；王弼本与河上公本则交错用"居"与"處"。比如第二章作：

> 聖人處無爲之事……成功而弗居；夫唯弗居，是以不去。

第三十一章作：

> 有道者不處……偏將軍居左，上將軍居右，言以喪禮處之……戰勝，以喪禮處之。

第三十八章作：

> 大丈夫處其厚，不居其薄；處其實，不居其華。

其余皆同于范本作"處"。可见以北大本为代表的出土本作"居"，和以范本为代表的传世本作"處"的大分界，基本上还是清楚的。只是部分传世本或许残留了古本的某些痕迹，也或许是刻意地交替使用，以求变化。

（六）"命"与"名"

北大本动词作"命"，名词作"名"，郭店本相应处皆缺，帛甲本相应处与范本、传世本同作"名"，帛乙本则多同北大本作"命"，偶作"名"。

凡属名词的"称谓"义，不论北大本、帛书本或范氏古本、传世本，一律都作"名"。但北大本除第三十四章外，凡动词的"称谓"义皆作"命"，范氏古本与传世本则全都作"名"。北大本共 5 处用了"命"字，分见于第一、十四、四十二、四十七等 4 章中。这四章郭店本皆缺，帛甲本一律作"名"；帛乙本则 3 处作"命"，2 处作"名"。第一章说：

> 名可命，非恒名也。（北大本）
> 名可名也，非恒名也。（帛甲本）
> 名可名，非恒名也。（帛乙本）

范本与传世本皆作"名"。第十四章说：

> 搏而弗得，命之曰微……台台微微不可命，復歸於無物。（北大本）
> 捪之而弗得，名之曰夷……尋尋呵不可名也，復歸於无物。（帛甲本）
> 捪之而弗得，命之曰夷……台台微微不可命也，復歸於无物。（帛乙本）

传世本与范本皆作"名"。第四十二章说：

> 王公以自命也。（北大本）
> 王公以自名也。（帛甲本）
> 王公以自□也。（帛乙本）

传世本与范本亦皆作"名"。第四十七章说：

> 聖人弗行而智，弗見而命，弗爲而成。（北大本）
> □□□□□□□□□弗爲而□。（帛甲本）
> □□□□□□□□□而名，弗爲而成。（帛乙本）

但第三十四章北大本却与帛甲本、传世本、范本同样都作"名"，帛乙本却"名"与"命"交用，说：

> 故恒無欲矣，可名於小矣；萬物歸焉而弗爲主，可名爲大矣。（北大本）
> 則恒無欲也，可名於小；萬物歸焉□□爲主，可名於大。（帛甲本）
> 則恒無欲也，可名於小；萬物歸焉弗爲主，可命於大。（帛乙本）

（七）"恒"与"常"

北大本、帛书甲、乙本除第十六、五十二、五十五等3章保留《老子》原本特殊哲学意涵，作"常"外，其余悉作"恒"，郭店本则作"亙"；范本与各传世本全改作"常"。

在范氏古本第一、三、十六、二十七、二十八、三十二、三十四、三十七、四十六、四十八、四十九、五十一、五十二、五十五、六十一、六十四、七十四、七十九，共18章中都出现了"常"字，计有27处。北大汉简本与两种帛书本除第十六、五十二、五十五共3章7处作"常"外，其余20处一律作"恒"，这7处是：

第十六章：

> 復命，常也；智（知）常，明也。不智（知）常，忘（妄）作
> 兇；智（知）常容，容乃公……（北大漢簡本第五十三章）

> 復命，常也；知常，明也。不知常，芒（妄）作兇；知常容，
> 容乃公……（帛書甲、乙本）

第五十二章：

> 用亓光，復歸亓明，毋遺身殃，是謂襲常。（北大漢簡本
> 第十五章、帛書甲、乙本）

第五十五章：

> 和曰常，智（知）和曰明。（北大漢簡本第十八章）
> 和曰常，知和曰明。（帛書甲本）
> □□常，知常曰明。（帛書乙本）

这些引文清楚地呈现《老子》原本具特殊哲学意涵的"常"，与一般形容性语"恒"的严明区分。郭店简本于上述 18 章中缺了 10 章，第四十八与五十一两章无相应内容，第五十五章作"和曰熹，智和曰明"外，其余只有第十六、三十二、三十七、四十六、六十四共 5 章可与相应，却都作"亘"。换言之，三种简帛本"常""恒"（或"亘"）意涵有别，各种传世本与范本则一律作"常"，泯除了《老子》原本"常"的特殊哲学意涵。②

（八）"虖"与"兮""乎""於""耶""邪""吾"

句中、句末语气词，郭店本作"虗"，帛书本分作"呵"或"與""興"，北大本则除第二十、二十一章作"旖"外，其余一律作"虖"；传世本除《想尔》多省虚字外，其余各本作"乎""兮""於""耶""邪"

---

② 这十六、五十二、五十五章等 3 章，共 7 处，北大本与范本同作"常"者，是保留了《老子》"常"的重要哲学义涵原貌。无涉于惯用字的异文问题，个人已于《"道"的异称及其意涵衍化——"一"与"亘"》中讨论过（《成大中文学报》第四十六期［2014 年 9 月］，页 19—22）。

“吾”不等，与范本一致。

在北大汉简本与范氏古本泾渭分明的规律性用字中，状况比较分歧的是“虖”字。在北大本中，语气词“虖”的使用稳定而一致。不但用以表示句中语气停顿，或句末语气延结，也用以称代“吾”，或介系词“於”，只有第二十、二十一章替换了 12 个“旖”。总计北大简出现“虖”字，至少有 23 处，分见于第五、六、七、十、十五、十七、二十、二十三、四十九、六十二、六十三等 11 章中。但第二十章北大本则是“虖”“旖”交用，用了 2 次“虖”，4 次“旖”；二十一章则全章共用了 8 次“旖”字：

> 芒虖未央哉……祏旖爲佻……參旖台無所歸……屯屯
> 虖獸人昭昭……没旖其如晦，芒旖其無所止。（二十章）
> 道之爲物，没旖証旖，中有象旖，証旖没旖，其中有物，
> 幽旖冥旖，其中有請旖。（二十一章）

这 12 个“旖”字为各本之所无，北大本或另有来源依据。范氏古本与之相应之经文，情况较为分歧，有通作“乎”“兮”“於”“邪”等句中、句末语气或介词“於”，也有通作称代词“吾”的。郭店本作“唇”，帛书甲、乙本与则或作“呵”，或作“與”“興”。而这“旖”与“虖”，范本皆作“兮”，两种帛本皆作“呵”，郭店本两相应处作“唇”。第十、二十三两章，范本与两帛本亦皆作“乎”。第七与六十二章范本作“邪”，两帛本则分别作“興”或“與”。第六十三章作介词的“虖”，范本作“於”，两帛本同作“乎”。第四十九章作主词的“虖”，范本直接改作“吾”。今表列如下，以清眉目：

章次	郭店	帛甲	帛乙	北大	传世本	范本
五	與	興	興	虖	乎（《想尔》本无）	乎
六		呵	呵	虖	綿綿	縣縣
七		興	興	虖	邪	邪
十		乎	乎	虖	乎（河上、《想尔》本无）	乎
十五	唇	呵	呵	虖	兮（《想尔》本无）	兮
十七	唇		呵	虖	兮（《想尔》本无）	兮

（续表）

章次	郭店	帛甲	帛乙	北大	传世本	范本
二十		呵	呵	虖、旖（二十、二十一章）	兮（《想尔》本无）	兮
二十三		乎	乎	虖	乎（《想尔》本无）	乎
四十九				虖	吾	吾
六十二		輿	與	虖	邪、耶（河上作"耶"）（严遵本无）	邪
六十三		乎	乎	虖	於	於

由上表可见：凡帛本原作"乎"的，范本亦作"乎"；帛本原作"呵"的，范本作"兮"，郭店本则作"虖"；帛本原作"輿"或"與"的，范本则作"邪"，王、河本作"耶"。看似纷乱错杂当中，仍有一定的对应理路可寻。北大本则除二十、二十一两章用"旖"外，其余一律用"虖"，对应于帛本的"呵"与范本的"兮"。传世本除了《想尔》本为了便于教徒背诵，多省虚字，故删除这些语气词与介词外，其余三种版本与范本几乎完全对应性地一致。

换言之，两帛本惯用的"乎""呵""輿""與"，郭店本惯用的"虖"，到了北大本，则除了第二十、二十一两章多出一个"旖"之外，竟都统一作"虖"。反之，范本则似因承前此各传世本，与之一致。

（九）"毋"与"弗""无""勿""不"

郭店本作"弗"，北大本作"毋"，帛书甲、乙本作"毋""勿"，范本多作"无"，亦作"勿"。

北大本否定词多作"不"，但在第十、三十、三十九、七十二共 4 章中却用了 15 个"毋"字，依次是：

载燮魄抱一，能毋离虖？……脩除玄鑑，能毋有疵虖？爱民沽國，能毋以智虖？……明白四達，能毋以智虖？（十章）

果而毋矜，果而毋驕，果而毋發，果而毋不得已。（三十章）

天毋已精，將恐死；地毋已寧，將恐發；神毋已靈，將恐歇；

谷毋已盈，将恐渴；侯王毋已貴以高，将恐厥。（三十九章）
毋柙其所居，毋厭其所生。（七十二章）

郭店本相应处作"弗"。帛书甲、乙虽有多少不等的残缺，基本上也可以看出是作"毋已"或"毋"，只有第三十章作"毋以取强焉，果而毋骄……勿矜……毋得已居。"三作"毋"，一作"勿"，较为参差。范本除第三十章作"勿"，同于北大本外，其余各章都作"无"或"无以"，范本说：

……能无離乎……能无疵乎……能无以知乎……能无以爲乎？（十章）
果而勿矜……勿伐……勿骄……勿彊……。（三十章）
天无以清……地无以寧……神无以靈……谷无以盈……万物无以生……王侯无以爲貞。（三十九章）
无狎亓其所居，无厭亓所生。（七十二章）

第八十章更为参差，北大本与帛乙本皆作"使有什伯之器而勿用"，用的是"勿"字，帛甲本却仍作"毋用"，范本作"不用"。传世本则悉同范本，作"不用"。这些参差的用字情况是否代表"毋""无""勿""不"的运用尚在各自发展，未趋一致，也是各本彼此交叉影响，尚未完成定本的演变阶段。但范本对"无"字的坚持却是很明显的。

（十）也

除了上述较具规律性的用字状况外，北大本较之范本，还有一个很明显的差异现象，那就是句末语气词"也"字的大量使用。"也"字的大量使用，是出土本用字的明显特征。据统计，帛乙本共用了 160 个"也"字，帛甲本用了 140 个，北大本则有 96 个[3]。"也"字的大量使用，或许是早期本《老子》的重要特征。个人初步估计，在全书 81 章中，北大本至少在 20 个章节中比范本多出了 61 个句末语气词"也"

---

③　据张沐一的初步估算。见张沐一：《汉简本〈老子〉与郭店本、马王堆简帛本之用字比较研究》，台湾师范大学国文系硕士论文（陈丽桂指导，2016 年 12 月），页 41 正文及注 92。

（包括"殹"），用以舒缓、停顿语气，让句意较为分明。这 61 个"也"当然包含在上述的 96 个中。这 61 处 20 个章次依序是：第一（4 次，包括"殹"）、七（1 次）、十六（2 次）、二十七（2 次）、三十一（4 次）、三十五（1 次）、四十（2 次）、四十九（2 次）、五十（3 次）、六十（1 次）、六十一（4 次）、六十四（9 次）、六十五（5 次）、六十六（5 次）、七十二（2 次）、七十四（2 次）、七十（6 次）、七十七（3 次）、七十八（2 次）、八十一（1 次）各章。兹举次数较多的章节进行比对，以见其详。第六十四章共多了 9 处"也"字，外加一个"矣"字，共用了 10 个语气词。北大本说：

> 其安易持也，其未兆易謀也，其脆易判也，其微易散也。爲之其無有也，治之其未亂也。……聖人無爲，故無敗也；無執，故無失也；民之從事也……則無敗事矣。

郭店本也不遑多让，同样用了 9 个"也"字：

> 亓安也，易柰也；亓未菲也，易悔也；其霓也，易畔也；亓幾也，易後也；爲之於亓亡有，絅之於亓未亂也……

范本则悉去"也"字，作：

> 其安易持，其未兆易謀，其脆易泮，其微易散。爲之其無有，治之於未亂。……聖人無爲故無敗；無執故無失。民之從事……則無敗事。

文气短促，简洁凝炼许多。再举第七十五章的 6 处者为例，北大本第七十五章说：

> 人之飢也，以其取食脱之多也，是以飢。百姓之不治也……民之輕死也，以其生生厚也……夫唯無以生爲者，是賢貴生也。

帛甲本也用了 5 个"也"字,说:

> 人之飢也,以其取食之多也……百姓之不治也,……以
> 其求生之厚也……

帛乙本也有 5 个"也"字,说:

> 人之飢也……百姓之不治也,以元上之有爲也……民
> 之輕死也,以元求生之厚也……

四种出土本多了许多"也"字,文气有舒缓摇曳的效果。范本则一律减去"也"字,作:

> 民之飢……民之難治,以其上之有爲……民之輕死,以
> 其求生之厚……

有学者认为,早期《老子》之流传,应该是由口述、口诵进入到文字的记载。若果如此,则这种逐句大量添加语气词的情况所反映的,会不会就是这种口述、口诵的状态保留?它可以舒缓文气,也接近口语,能更清楚切割句意,让听者听起来更为清楚。而抄写较后的北大本较之帛书本,显然处理得更为完备整齐。反之,范本或因时代最后,故虚文去净,显现出简炼洁整之修整样貌,"文"的意味浓厚了起来。总之,三种出土本多虚字,其所反映的,或许是《老子》较早期的样貌。

但与此相反,范本第三十三章却出现迥异于他章之反常现象,几乎句句有"也"字;反之,北大本则悉去这些"也"字。范本第三十三章说:

> 知人者知也,自知者明也。勝人者有力也,自勝者强
> 也。知足者富也,强行者有志也。不失其所者久矣,死而不
> 亡者壽也。

本章句句有"也",共用了 7 个"也"字,语气虽舒缓,却肯定而坚强,帛书甲、乙本虽有残缺,内容大致同范本,每句末尾也都有"也"字。反之,北大本则悉去"也"字,作:

> 故智人者智,自智者明。勝人者有力,自勝者强。智足者富。强行者有志。不失其所者久。死而不亡者壽。

文气当然显得端谨严肃,说教的"文"味却浓厚了起来。

三、从规律性用字之使用状况
看各抄本之异同与演变

从上述北大本、各出土本、范本与传世本之比对情形看来,北大本与范本比起前此各出土本与传世本,用字明显较为一致而稳定。郭店本虽然内容不多,这些规律性用字基本上还算稳定,两帛本也大致有自己一致的用字坚持,尤其是某些特定语气词,如"呵""與""興"的使用,呈现出相当程度的独特风味,为它本之所无。范本较之传世本,显然也稳定许多。传世本中,傅奕本变动性尤少,稳定性相对较好。《想尔》本最不稳定,为其宗教目的,常删语气词或改字,混用与杂用的情况较多,王、河本则变动性亦大,今表列如下,以见其详:

郭店	帛　甲	帛　乙	北　大	传世本	范本
亓	亓(共有 23 章)、其(共有 13 章)(第五十六章"亓"、"其"混用)	亓	其	其	其
智	知	知	智(第二十一、五十四章作"知")	知(傅本作"知",王、河本第二、三十、三十八各章"知""智"兼用)	知
亡	无	无	無	無(《想尔》混用"無""无")	无

（续表）

郭店	帛 甲	帛 乙	北 大	传世本	范本
居	居（第三十一章一例作"處"）	居（第三十一章一例作"處"）	居	處（王、河本交错用"居""處"）	處
／	名	命（第四十七章作"名"）	命（第三十四章作"名"）	名	名
弗	弗	弗	弗	不	不
虗	乎、呵、輿	乎、呵、輿、與	虖（第二十、二十一章作"猗"）	乎、兮、邪、耶、於、吾	乎、兮、邪、於、吾
亘	常、亘	常、恒	常、恒	常	常
弗	毋（第三十章"毋""勿"混用）	毋（第三十章"毋""勿"混用）	毋（第八十章作"勿"）	無、勿混用	无（第三十章作"勿"）

　　从上表的比对看来，抄写时间居出土本之末的北大本，与参采南宋以前30多种古本的范氏本，除了"其"字有共识外，其余都各有其自我的用字规律与习惯，在各本之中特别显得泾渭分明，不相干涉。北大本与抄写于其前的3种出土本，有自己早期的用字坚持：郭店与两帛本的"亓"，郭店与北大本的"智"，郭店本的"亡"，四种出土本的"居"与"弗""毋"等，都显示了与稍后的传世本、范本有相当大的不同。而三种出土本所呈现的独特用字，如郭店本的"虗"，两帛本的"呵""輿""與"，所显示的，或许是传抄者地域性的用字习惯。而范本自称多采"古本"，其所采之古本不知有否与两帛本同源？"无"字与"知"字的使用同于两帛本，尤其是对"无"字使用的坚持，应该就是明显的例证。反之，传世本中，王、河本第二、三十、三十八各章中有交错用"居""處"的现象，或许显示其尚处于过渡性的交互影响阶段。迨"知""智"并用，却依词性不同而有清楚严明区分的状况出现时，显示其演变已进入较为稳定而展现自性的阶段。尽管就范氏《老子道德经古本集注》的注文看来，范氏所参考的古王弼本与河上公本和今传的王、河本仍有不少差异；但今传王、河本不但一致性高，上述规律性用字，乃至内容，也都和范本高度近同，显示传世本的演变也经由

交互影响,而渐趋稳定一致④。这就造成了从整体看来,北大本与范本仿佛壁垒分明的两系统代表,除了"其"是唯一的共识外,其余规律性用字往往对立歧分:北大本用"智",范本用"知";北大本用"無",范本用"无";北大本用"弗",范本用"不";北大本用"居",范本用"處";北大本动词用"命",名词用"名",范本动词、名词一律都用"名";北大本用"虖"(旟),范本或"兮",或"乎",或"邪",或"吾"不等;北大本用"毋",范本一律用"无";北大本"恒""常"各有不同意涵与功能,范本一律用"常"。相较之下,傅奕本常有与传世本不同的坚持,有学者认为,正是因为它保留较多古本原貌的关系⑤。个人曾据范氏古本所援引的古傅奕本内容,比对今传傅奕本,知其变化不大,显示傅本在传世本中不仅保留古本较多,稳定性也较好。

再取北大本与范本上看三种出土本与多种传世本,观其异同情况:郭店本作"智",北大本基本上相同,第二十一、五十四章却仍有2处作"知";两种帛本与传世本则用"知",范本同。两种帛书本作"弗",北大本同;传世本则作"不",范本同。两种帛书本作"无",范本同;传世本作"無",北大本同;郭店则用"亡",独树一帜。两种帛书作"居",北大本同;但帛乙本偶一作"處",范本同。四种传世本悉作"處",范本同,但傅奕本一作"居",北大本同。郭店本两作"虖",北大本与之相近,两帛本或作"呵",或作"與""輿",独树一帜,传世本作"乎""兮""耶""邪""吾"不等,范本悉与之同,北大本则统一作"虖"。总之,三种出土本除了"知""无"为范本一系所因承之外,大多数时候还是与北大本较为一致;传世本则除了"其"与"無"之外,极少同于北大本,而偏同范本。我们若就各本出现时代先后的角度来观察,就不难了解后出的北大本与范本是如何在对较早版本的选择中,作自己较为稳定的呈现。

---

④ 参见拙撰《范应元〈老子道德经古本集注〉的异文价值——以范氏注文所及〈韩非子〉、王弼本、河上公本、指归本、傅奕本为讨论核心》,"疑古思潮与简帛研究:百年老子研究回顾与反思"国际学术研讨会论文(上海复旦大学中华文明国际研究中心主办,2016 年 6 月 9—12 日),页 7—16。

⑤ 参见刘笑敢:《北大汉简〈老子〉的文献思想价值刍议(初稿)》,"简帛《老子》与道家思想"国际学术研讨会(北京大学中国古文字研究中心与北京大学出土文献研究所合办,2013 年 10 月 25—26 日),会议论文集页 74。

整体看来,北大本与范本在各本中用字最为稳定而一致,错落交杂使用的情况甚少,北大本只有"常""恒"与第二十、二十一两章所异出的"旖"字。但"常""恒"一例只是保存《老子》原本"恒""常"不同义的本貌,而非真正杂用。"旖"字的歧出或是某种古本用字的保留。

四、各本规律性用字的异同所显示的可能讯息

从前文的归纳分析与表列用字情况看来,我们或许能得到一些讯息:

(一)北大本与范本规律性用字的一致与分明状态,各自代表着出土本与传世本较稳定阶段的典型。出土本中,郭店本或因篇幅短少,时代又早,异本干扰的可能性低,上述规律性用字因此较为稳定一致。相形之下,两帛本较为参差,用字分歧不统一,交杂并用或混用的情况较多。除了"呵""與""舆"等语气词之多元使用外,如第三十、三十一、三十八各章"毋"与"勿"、"居"与"處"、"弗"与"勿"之混用与并用,其所显示的,除了地域性的用字歧异外,似乎也反映了出土本传抄过程中的纷纭状况。反之,各传世本中,《想尔》本的特殊宗教目的与功能,固是导致其与其他本常不一致的主因,然类似上述王、河本第二、三十一、三十八章"居""處"参差交用的情况,是否也显示传世本也同样处于交互影响的演变阶段?然至第三、三十三、六十五各章"智""知"虽然交替使用,却各依其词性、语意清楚区分,其所传递的讯息,应该是后期王、河本编抄者有意的整饬与安排。个人曾为文比对范氏古本集注所见古王弼本与今传王弼本经文多有不同,今传王弼本经文多有向河上公本趋同的倾向,颇足以说明传世的王、河两本较之范本,这些规律性用字分歧参差的原因,内中不但有过渡期混抄的参差,也有后期编抄者明晰的自性选择。

(二)各出土本时代较早,往往各自有其独特的用字,"虐"与"亡"是郭店本的独特用字,"亓"字为郭店与两帛本所特用,"无"字则为帛甲、乙的一致用字,其后却成为范本的坚持。以"虖"统一前此各语气词与介词则是北大本的独有。但第二十与二十一章北大本仍然多用了12处他本所无的"旖"字,或者别有古本来源。也或许因为

保留了《老子》原本口述、口诵的流传方式,故各出土本如"也"字之类语气词特别多,应该和舒缓语气,俾便清楚切割文意的口语流传方式有关。

(三)就各版本"其""亓"两字之运用情况看来,从郭店本、帛乙本都用"亓",到帛甲本的"亓""其"并用,到北大本、传世本与范本的一致用"其",似乎显示了"亓""其"两字运用的消长历程。早期《老子》版本如郭店本、帛乙本是用"亓"的,从帛甲本"其""亓"并用以后,"亓"字的使用在帛甲本中虽仍以 23∶13 占了优势,第五十六章的"亓""其"交叉并用,也用 5 个"亓",一个"其";但"其"字即将取而代"亓"的态势已然形成,其时间下限或可提至帛甲本抄写时间的西汉初期以前。西汉以后,"亓"字之用已逐渐消退,为"其"所取代了。

(四)从帛书甲本 13 章用"其",23 章用"亓"的各章次看来,作"其"的 13 章全都在"道经"中;作"亓"的 23 章则只有十五、十七、三十五、三十四 4 章在"道经"中,其余 19 章都在"德经"中,两部分用字楚河汉界、壁垒分明。即使是"其""亓"杂用,5 处用"亓",1 处用"其"的第五十六章,也仍是在用"亓"的"德经"中。也就是说,"道经"中全用"其","德经"中多用"亓"。这不免令人怀疑,帛甲本的抄写,"道经""德经"是否为不同人所为?但就字迹看来,道经、德经笔迹一致,显系出自同一抄手,只不知为何各章"亓""其"分抄如此壁垒分明?莫非帛甲本所依据,原本也非同一源?

(五)从范本所用"知""无"两字同于帛书本而异于北大本与郭店本的情况看来,范氏古本集注所采"古本",或许不只注中所提及的传世 30 多家,帛本一系的古本或许也在参采之列。

(六)而传世本与范本相当一致的"兮""乎""邪""耶"等语气词较之出土本更多样的使用,其所反映的,会不会是语气词在西汉以后,多元衍化与开展的状况?

(七)"亡"字本为郭店本独特的用字,然郭店本却在唯一有重复内容的第六十四章中,保留了用"無"(丙组)与用"亡"(甲组)两种不同的版本,更可以证明郭店本各组或不只字迹、抄手不一,所依据的版本也不一致。

五、结　语

由各本规律性用字之歧异现象，分析归纳出各抄本之稳定性，可以观测、评定该版本传抄之成熟度和严谨品质。就这点而言，北大本与范本在各本中，堪称典范。我们如果逆过来看：北大本作为出土本末代大成之作，与范本作为传世本后出之版本，其所撷择与参采各不相同，因此形成两本之间规律性用字多壁垒分明的态势。经由上列较具代表性的各种出土与古今本《老子》某些规律性用字的比对分析，可以看出，北大汉简本无疑是各古本《老子》中不但最完备、精美，也是最稳定、严谨的善本。介于古今本之间的范氏古本，用字也相当规律、一致，相对也稳定、齐整。本文之所以以抄写与出书时代居后的北大简与范本作为比对基点，正是这样的缘故。其余各出土本，如帛书本参差的情况较多，郭店本虽有自己特殊的用字，也稳定，但篇幅不大，只有五分之二，难以依据。而各传世本则严本与《想尔》本各有所缺，《想尔》本为便于教徒诵习，还常大删虚字，以适其用，交杂混用的情况也较为严重。王、河两本则南宋范氏所见古本与今本也存在不少差异。可见各古今本中，有综集前此各家，却又完整一致的，北大本与范本足为典式，故取以为比对之据点，借以观测前此各家规律性对应用字之稳定程度，以显示《老子》文本在历代传抄过程中之规律与分歧状况之一斑。然因历代《老子》版本众多，时代久远，演变情况复杂，相形之下，能引据的资料甚为有限，个人能力与时间也都不够充足，上文所述只是划定范围，就其所知见，及各文本所呈现之状况，略作整理表述，目的在呈现事实。故对于能透露出意义与讯息者，则申述之；其难以遽定因由者，则呈现事实，不妄下断，所谓疑者阙疑，权作野人献曝、抛砖引玉，尚祈渊雅方家教正。

《周易》所见周公事迹考[*]

何益鑫^{**}

内容提要： 在《周易》中，《蛊》卦的历史叙事最晚。《蛊》卦从武王克商开始叙述，经过周公摄政的时期，而以周公致政成王为终，完整记录了周公在主政时期的作为。周公的作为，继承了武王的既定策略。武王克商，名义上建立了周朝，但事实上，还面临着多方面的挑战。为了维护天下的稳定，武王采取了一系列的战略措施。结合《周易》对武器的重视，以及《晋》卦卦辞"康侯用锡马蕃庶"，我们发现，"收甲兵"和"放马牛"不仅是为了显示"天下咸服"或"不复用兵"，更是武王时期重要的军事策略。这一策略在周公东征的时候，发挥了重要的作用。可以说，文王、武王、周公在策略上的连续性，是革命成功的重要保障。直至周公致政成王，殷周的革命才最终完成。

---

* 笔者近年来从史事考订的角度，论定《周易》卦爻辞的叙事本义。以商周之际即文武周公时代的重要的历史人物和历史事件为核心，已经完成了《周易》所有卦爻辞的史事考证工作。本文只是其中的一个部分。故文中所提到的"《周易》卦爻辞的叙事，虽以文王一生的历史事迹为主，但武王克商作为文王事业的继续，在《周易》中也有不少论述"，及"《周易》卦爻辞的历史叙事，以周公致政成王为最晚"等结论，并非本文的直接结果，而是这一整体工作的结论。此其一。本文所采取的研究进路，与易学史上的"史事宗"有渊源关系，与近代以来"古史辨"的方法也有相近之处，但在根本理念上与二者皆有差别。大体而言，"史事宗"的要义是通过征引史事以证明易理，其所征引的史事无论是商周史事还是汉唐史事，本身不具有独立的价值。"古史辨"的方法虽然追求卦爻辞背后的"历史故事"，肯定其历史资料的价值，但能作为"历史故事"解读的卦爻辞非常有限，其余只能作为一般的社会史资料处理。且因为缺乏系统性的方法，其对相关卦爻辞的处理也会出现问题。笔者则认为，《周易》是一部系统的著作，是有关商周之变的系统叙事。关于理念与方法问题的反思，笔者已有《现代易经研究的理念与方法》及《〈周易〉本事之发现及其方法论》二文（尚未发表），故在此不作展开论述。此其二。笔者从特有的问题意识与思路出发，参考和征引相关的易学研究文献或商周史学研究成果，目的是为了有效地推进本文的研究。故凡不在这一脉络之中，或不能与本研究形成有针对性的对话（赞成或反对）从而推进本研究的成果，只能割舍而不能尽采。评审专家所提到的学者及其研究，确有独树一帜的观点，需要在适当的时候予以辨析。但从本文主旨或本文所涉及的主要内容来说，则似非必要，故未论及，以免行文的枝蔓。此其三。本文出于系列论文的统一性考虑，原题为《〈周易〉周公考》。今改为《〈周易〉所见周公事迹考》，以便更加适合单篇论文的发表。此其四。以上是笔者根据"评审意见书"所作的几点说明。最后，感谢审稿专家仔细的审读、详细的评论与中肯的建议。

** 复旦大学哲学学院讲师。（电邮：heyixin_fd@163.com）

关键词：周公、康侯、《蛊》、《周易》

《周易》卦爻辞内容的断代，是《周易》研究的一个难题。历史上，出于探讨《周易》作者问题的需要，已经涉及了这个问题。例如，孔颖达《周易正义·序》论及卦爻辞作者的时候，就有一个概说①。近代学者，从历史文献的角度理解《周易》卦爻辞，也从中发现了文王以后的历史故事。如顾颉刚《周易卦爻辞中的故事》指出，《晋》卦卦辞"康侯用锡马蕃庶"一句，说的是周初卫康侯接受分封之事②，并由此推断，《周易》卦爻辞的叙事内容，下限在成王时代③。顾氏的方法，具有重要的意义。不过，也由于方法上的局限，造成了细节上的出入。

通过笔者之前的研究④，我们已经得知，《周易》卦爻辞的叙事，虽以文王一生的历史事迹为主。但武王克商作为文王事业的继续，在《周易》中也有不少论述。那么，除此之外，《周易》卦爻辞是否还涉及了周公的故事呢？答案是肯定的。如果说，"武王克商"是文王事业的延续，那么，周公的摄政与还政，则是文、武事业的完成。

关于周公，先秦的资料尤为丰富。《尚书·周书》中就保留了不少周公本人的文诰。基于这些传世的文献，我们尽可以从中建立对周公的认识。在这个方面，古今许多学者已经做了很好的研究⑤。因此，本文的目的不是全面考证周公的史迹，而是根据《周易》卦爻辞所

---

① 孔颖达曰："验爻辞多是文王后事。案《升》卦六四：'王用亨于岐山。'武王克殷之后，始追号文王为王。若爻辞是文王所制，不应云'王用亨于岐山'。又《明夷》六五：'箕子之明夷。'武王观兵之后，箕子始被囚奴，文王不宜豫言'箕子之明夷'。《既济》九五：'东邻杀牛，不如西邻之禴祭。'说者皆云：'西邻'谓文王，'东邻'谓纣。文王之时，纣尚南面，岂容自言己德受福胜殷。又欲抗君之国，遂言东西相邻而已？"（王弼、韩康伯注，孔颖达疏：《周易正义》[北京：北京大学出版社，2000]，页 10—11）孔颖达所举之例，有容商榷。《升》六四是讲文王在岐山祭天。孔颖达说王号是武王克殷之后所封，是出于误解。箕子之事，则确乎是在武王时期。
② 顾颉刚：《周易卦爻辞中的故事》，收入《顾颉刚卷》（北京：中国人民大学出版社，2014），页 198—200。
③ 顾氏从卦爻辞的故事的有无来推定卦爻辞的著作年代，而这些故事中"康侯用锡马蕃庶"最晚，从而得出卦爻辞著作年代在西周初叶的结论。参见顾颉刚：《周易卦爻辞中的故事》，《顾颉刚卷》，页 217。
④ 参见拙著：《周易本事考》（未出版）。
⑤ 比如，杨宽：《西周史》（上海：上海人民出版社，1999）；钱穆：《周公》（北京：九州出版社，2011）。

提供的线索,尝试从不同的角度作出分析和考证。

一、武王的遗产

周公的事业是接着武王来的。《周易》对"武王克商"的历史叙事,往往将之视为一个阶段的完成。如《离》上九:"王用出征,有嘉折首,获匪其丑,无咎。"以斩杀商纣,攻克其朋类为终。《同人》上九:"同人于郊,无悔。"以攻克殷商,举行郊祭为终。《需》卦上六:"入于穴,有不速之客三人来,敬之,终吉。"以敬待前朝而得吉为终。

与此同时,也有一些爻辞,不以武王克商的决定性胜利为完结,叙事中暗含了武王时代的危机,以此为后来历史的发展,特别是周公的所作所为,埋下了伏笔。比如,《革》上六:"君子豹变,小人革面,征凶,居贞吉。"商周变革之际,"小人"迫于时势,表面上顺从周的统治,心底里却有自己的打算。这些人,当然须要尤其警惕。所谓"小人",大致可以区分出两种:一是真小人,即奸邪之人;一是对周而言的小人。后者又被称为"顽民"。如《书序》云:"成周既成,迁殷顽民,周公以王命诰,作《多士》。"伪古文尚书《毕命》云:"惟周公左右先王,绥定厥家,毖殷顽民,迁于洛邑,密迩王室,式化厥训。"所谓"顽民",其实是指不服周德的殷人⑥。从大势看,文王在晚年,确实达到了道德鼎盛的时期。子曰:"三分天下有其二,以服事殷。"(《论语·泰伯》)这种情势,大致上是成立的。不过,我们也要看到,自太王而来,周人的耕耘在西方,其德泽的影响也在西方。此前,文王受命称王,主要是虞芮两国的支持。后来征伐西方的诸侯,也多是经过了艰难的战争。至于文王克崇、迁丰,恩德普施,方才稳固住了西方,达到了"有孚惠我德"(《益》九五)的"敦临"(《临》上六)的境界。当时,殷的王畿及其附属的南国,都是殷商势力的根据地。周人的影响还远没有

---

⑥　江声曰:"以其不服于周,言其不则德谊,故谓之顽,且目之为民也。虽然,其不服于周,由不忘故主旨故。然则由周而言,谓之顽民;由商言之,固不失为谊士。桓二年《左传》云:'武王克商,迁九鼎于洛邑,谊士犹或非之。'谊士即谓此顽民也。"(转引自钱穆:《周公》,页68)

到达那里。迁丰之后的第二年，文王就殂亡了。文王虽然为众望所归，但毕竟时日不多，风化尚浅。到了武王时期，武王的威信，不及文王。故须树立文王的旗帜号召诸侯。武王对殷商王畿和南国的攻克，也依赖于战争的谋划和武力的征伐。在这种情况下，许多殷人心底里固不愿臣服于西境的小邦。"顽民"的出现，就是这种心态的表征。关于这个问题，苏轼有一段评论：

> 《大诰》《康诰》《酒诰》《梓材》《召诰》《洛诰》《多士》《多方》八篇，虽所诰不一，然大略以殷人不心服周而作也。予读《泰誓》《牧誓》《武城》，常怪周取殷之易。及读此八篇，又怪周安殷之难也。《多方》所告，不止殷人，乃及四方之士，是纷纷焉。不心服者，非独殷人也。予乃今知汤已下七王之德深矣。方纣之虐，人如在膏火中，归周如流，不暇念先王之德。及天下粗定，人自膏火中出，即念殷先七王如父母。虽以武王、周公之圣，相继抚之，而莫能禁也。夫以西汉道德比之殷，犹珷玞之与美玉也。然王莽、公孙述、隗嚣之流，终不能使人忘汉。光武之成功，若建瓴然。使周无周公，则殷之复兴也必矣。此周公之所以畏而不敢去也。⑦

历史的发展有自然的惯性。子曰："如有王者，必世而后仁。"（《论语·子路》）王者的风化，必至三十年方能浃洽浸润，积久之效也⑧。同样，殷人世受先王的恩典和风化，也不免感怀殷商先王之德。再从一般心态上看，大国之民也很难接受小国的统治。对于这种情形，武王心知肚明。据《逸周书·度邑解》及《史记·周本纪》，武王回到周国之后，"自夜不寐"。可见武王当时的忧心。

针对当时的情况，武王采取了一系列的措施。比如，设置三监、规

---

⑦ 苏轼：《东坡书传》，《景印文渊阁四库全书》第 54 册（台北：台湾商务印书馆，1982），卷 15，页 627—628。

⑧ 程子曰："周自文武至于成王，而后礼乐兴，即其效也。"又曰："三年有成，谓法度纪纲有成而化行也。渐民以仁，摩民以义，使之浃于肌肤，沦于骨髓，而礼乐可兴，所谓仁也。此非积久，何以能致？"（朱熹：《四书章句集注》[北京：中华书局，1983]，页 144）

划洛邑、考虑传位于周公等。这些都是历史的常识,笔者不欲赘言。除此之外,我们可以根据《周易》的历史叙事,来看到武王的相关策略。

其一,戒用小人。《师》上六:"大君有命,开国承家,小人勿用。"武王克商之后,分封诸侯、嘉奖功臣,而自我告诫,千万不能任用小人⑨。从商周之际的历史来说,"小人勿用"的告诫,是从商人那里得到的重要教训。武王伐商,历数商纣的罪恶,就有"焚炙忠良"(伪古文尚书《泰誓上》)、"崇信奸回,放黜师保"(伪古文尚书《泰誓下》),以及"今商王受惟妇言是用,昏弃厥肆祀弗答,昏弃厥遗王父母弟不迪,乃惟四方之多罪逋逃,是崇是长,是信是使,是以为大夫卿士"(《牧誓》)的提法。《蹇》六二:"王臣蹇蹇,匪躬之故。"商王大臣遭受蹇难,而不得保守旧有之职,也是这个意思。商王一面抛弃贤臣,一面任用外来贵族和奸佞小人,以为"天下逋逃主,萃渊薮"(伪古文尚书《武成》,及《左传》昭公七年)。在周人看来,这是商朝灭亡的重要原因之一。因此,武王在分封建侯的时候,有功的"小人",也给予相应的奖赏,但不可给予实权。对于在大势面前投诚的人,也应多存戒心。

其二,不征小人。《革》上六:"君子豹变,小人革面,征凶,居贞吉。""革面",孔颖达曰:"但能变其颜面容色,顺上而已。"⑩小人在大势面前见风使舵,但未必真心服周德。这一点,武王当然是明白的。即便如此,爻辞说"征凶,居贞吉"。进一步征伐,会有凶险。如果安居,可得吉祥。武王之所以不继续动用武力,对"小人"加以征伐和清算,无疑基于对政治形势的正确判断。从现实来讲,殷商的势力仍然很庞大,"小人"诛不胜诛。在这种情况下,如果继续征伐,对残余势力赶尽杀绝,必将引起更大的社会动荡。此外,文王曾对武王谆谆告诫,要宽佑一般的商人。在清华简《程寤》中,文王曰:"惟容内(纳)棘,意(亿)亡,勿用,不忍。思(使)卑柔和顺,眚(生)民不灾,怀允。"⑪"棘"是商廷小人的象征。文王劝诫武王,要

---

⑨ "小人勿用"一句,还出现在《既济》。《既济》九三:"高宗伐鬼方,三年克之,小人勿用。"根据我们的分析,彼处是说小人想要陷害文王,但没有成功。

⑩ 王弼、韩康伯注,孔颖达疏:《周易正义》,页240。

⑪ 参见李学勤主编:《清华大学藏战国竹简(一)》(上海:中西书局,2010),页136。

容纳这些人，但是不要重用，要让他们顺服，以避免生民受灾。在清华简《保训》中，文王又以商人先祖上甲微向有易复仇，而最终没有加害有易的例子，劝诫武王要行中道。文王的告诫，是文王"仁德"的表现，但也未尝不是文王政治眼光的体现。改朝换代，本来就不是一蹴而就的事情，更何况是以小驭大（小邦周灭大邑商）的情况。伊川曰："以尧舜为君，以圣继圣百有余年，天下被化，可谓深且久矣，而有苗、有象，其来格烝乂，盖亦革面而已。小人既革其外，革道可以为成也。苟更从而深治之，则为已甚，已甚非道也。"⑫开朝的征伐需要适可而止，而政局的稳固，需要通过礼乐制度的建立和长期的教化来实现。

　　其三，收甲兵。根据《史记·周本纪》，武王规划了洛邑之后，"纵马于华山之阳，放牛于桃林之虚，偃干戈，振兵释旅，示天下不复用也"。伪古文尚书《武成》云："厥四月，哉生明，王来自商，至于丰。乃偃武修文，归马于华山之阳，放牛于桃林之野，示天下弗服。"《礼记·乐记》云："马散之华山之阳，而弗复乘。牛散之桃林之野，而弗复服。车甲衅而藏之府库，而弗复用。倒载干戈，包之以虎皮。将帅之士，使为诸侯。名之曰建橐。然后知武王之不复用兵也。"这些记载，提到了武王的两个措施：一是把战马和战牛（战车的动力）集中到华山之南、桃林之野蓄养；一是收缴兵器藏入府库，解散军队。传统上认为，这是武王表明自己不会继续使用武力，有安抚天下的意思。我们认为，这一说法不够全面。先来看第一点。收缴兵器，不是仅仅收缴周人自己的兵器，而是收缴天下诸侯的兵器。而藏入的府库，不是商人的府库，而是周人的府库。要知道，战争在很大程度上依赖于兵器。周人之所以能够在战争实力上骤然提升，甚至超过商朝，先进兵器的获得和积累是一个重要的因素。据《史记·周本纪》，文王从羑里归来，纣王"赐之弓矢斧钺，使西伯得征伐"。纣王提高周国的军事实力，希望它能够稳定西方叛商的诸侯。后来，文王大行征伐。在这个过程中，更是不断获得先进的战争武器。《噬嗑》九四"噬干胏，得金矢"，六五"噬干肉，得黄金"，《解》九二"田获三狐，得黄矢"。所

---

⑫　程颢、程颐：《二程集》（北京：中华书局，2004），页955。

谓"金矢""黄金""黄矢",指的是黄铜制的箭簇,在当时属于先进的武器装备。《周易》在战争叙事中,反复强调先进武器的缴获,可见其重要性。《解》六三:"负且乘。"又是背负,又是装载,内容就是缴获的物资,包括武器装备。从文王征伐开始,周人对武器的重要性就有了深刻的认识。可以说,武王收缴天下的兵器,是吸取了商朝的教训。

其四,放马牛。武王放马牛于华山之阳、桃林之野,也有其深切的用意。对于古人来说,牛除了可以作为牺牲、用于献祭,以及从事农业生产之外[13],还是重要的战备物资,重装车辆要凭牛力。《大有》九二:"大车以载,有攸往,无咎。"所谓"大车",就是重装的牛车。在《周易》中,"牛"是一个非常重要的意象,有时甚至用来比喻商、周。《大畜》六四:"童牛之牿,元吉。"这是用童牛比喻商纣。童牛之上再加桎梏,比喻商纣当时受东夷的牵制。《旅》上九:"鸟焚其巢,旅人先笑后号咷,丧牛于易,凶。""丧牛于易",是商人先祖王亥的故事。用在这里,比喻文王之殁。马就更不用说,属于基本的战备资源。《大畜》九三:"良马逐,利艰贞,曰闲舆卫,利有攸往。""良马逐""闲舆卫",是周人驱驰良马,训练车战的情形。马和牛的数量,是战争实力的重要指标。周人深切地意识到了这一点。《坤》卦辞:"元亨,利牝马之贞。"《离》卦辞:"畜牝牛,吉。"之前,学者不明白《周易》为何强调畜牝马、畜牝牛。只能从柔顺之德来理解。其实,牝马、牝牛所以重要,是因为它们具有繁殖的能力,可以增加马、牛的数量。

从这个角度,我们可以重新考察《周易》中一句长期被误读的卦辞。《晋》卦辞:"康侯用锡马蕃庶,昼日三接。"历史上,学者多对这句话作宽泛的理解。如孔颖达曰:"康者,美之名也。侯谓升进之臣也。臣既柔进,天子美之,赐以车马,蕃多而众庶,故曰'康侯用锡马蕃庶'

---

⑬　徐中舒认为,春秋以前耕牛说都不可信:"耕牛开始于春秋、战国之际,是紧接着铁器兴起之后的。"(参见徐中舒:《先秦史十讲》[北京:中华书局,2015],页157—170)不过,《无妄》将邑人失牛之灾和大旱之年"不耕获,不菑畬"联系在一起,显然,这里的牛已有耕作之用。

也。'昼日三接'者,言非为蒙赐蕃多,又亲宠频数,一昼之间,三度接见也。"[14]据此,则"锡马蕃庶""昼日三接",是说受到的赏赐和恩宠。这是有代表性的说法。近代顾颉刚在《周易卦爻辞中的故事》一文中指出,康侯即卫康叔[15]。现在我们已经可以确证,卦辞的"康侯",即《尚书·顾命》的卫侯、《逸周书·克殷解》的卫叔、《逸周书·作洛解》的康叔,亦即《史记》中的卫康叔。康侯名封,是周武王的同母少弟。原封在康,周公平定武庚之乱后徙封卫,故又称卫康叔。据清华简《系年》,康叔初封在"庚丘",即是康[16]。学者考证,康的具体地望,在今河南省禹县、临汝之间[17]。康叔之封康,当在武王克商之后,而在周公东征之前[18]。关于"康侯用锡马蕃庶",李零说:"康侯用天子赏赐的马配种,培育出许多良马。"[19]我们认为,这一说法可取,与《周易》对"牝马""牝牛"的强调是一贯的。进一步,我们可以推测,康侯当时被封为康侯,一个重要的使命,就是替周王室蓄养马匹[20]。顺此,"昼日三接",不是说天子一日之间三次接见,而是说康侯一日之间多次亲自管理,以见其勤于职守。再联系武王"放马牛"的措施,我们有理由

---

[14] 王弼、韩康伯注,孔颖达疏:《周易正义》,页177。

[15] 顾颉刚:《周易卦爻辞中的故事》,《顾颉刚卷》,页198。又,朱伯崑指出:"旧注所以不释康侯为康叔,是拘于文王作卦辞的传统的成见。"(朱伯崑:《易学哲学史》,第一卷[北京:华夏出版社,1995],页8)

[16] 李学勤:《清华简〈系年〉及有关古史问题》,《文物》2011年第3期,页70—74;李学勤主编:《清华大学藏战国竹简(贰)》,下册(上海:中西书局,2011),页144。

[17] 参见刘起釪:《尚书研究要论》(济南:齐鲁书社,2007),页563—567。

[18] 《史记·周本纪》记武王克商之后的分封:"于是封功臣谋士,而师尚父为首封。封尚父于营丘,曰齐。封弟周公旦于曲阜,曰鲁。封召公奭于燕。封弟叔鲜于管,弟叔度于蔡。余各以次受封。"没有提到康侯。《史记·管蔡世家》亦云:"武王已克殷纣,平天下,封功臣昆弟。……康叔封、冉季载皆少,未得封。"据此,武王克殷之后第一次分封,不曾分封康叔,理由是年少。又,周公东征之后,康叔徙封卫,故康侯封康,时间上应在两者之间。屈万里推测:"康叔之封康,殆与管蔡之封同时或稍后,要当在武王时矣。"(屈万里:《〈周易〉卦爻辞成于周武王时考》,收入廖名春编:《周易二十讲》[北京:华夏出版社,2008],页183)

[19] 李零:《死生有命 富贵在天:〈周易〉的自然哲学》(北京:三联书店,2013),页200。

[20] 李学勤指出,周人重视马政。西周中期的《驹尊》记载了"执驹"之礼。陕西长安沣西也有铭文类似的青铜器,张长寿认为与《史记·秦本纪》周孝王使秦祖先非子"主马于汧、渭之间,马大蕃息"可以互证。因此:"康侯用锡马蕃庶,应为将周王所赐良马作为种马,也是马政的一端。"参见李学勤:《周易经传溯源》(长春:长春出版社,1992),页13—14。

猜想,所谓"华山之阳""桃园之野",指的是同一个地方,也就是康叔的封地,即嵩山南面,今河南省禹县、临汝之间的平原地带㉑。武王把马、牛集中到这里,而把康侯分封在此负责蓄养。除了兵器,马牛是最重要的战略物资。武王把马牛交给康叔管理,是出于对康叔的极大信任,因而康叔也未敢懈怠。据《左传》定公六年,"大姒之子,唯周公、康叔为相睦也"。后来,周公平定东方之后,封康叔于卫(故殷墟)。再后来,周公"举康叔为周司寇",以佐成王(《管蔡世家》《卫世家》)。足见周公对康叔的信任。武王与周公同心,亦当如是㉒。

《周易》之所以强调"用锡马蕃庶",是出于战略考量。《晋》卦六爻从文王时代开始叙述,以武王克商而结束。《晋》上九:"晋其角,维用伐邑,厉,吉,无咎,贞吝。""晋其角",以牲畜抵其触角,比喻周人用武。"维用伐邑",指武王伐商。"厉,吉,无咎",是对武王克商的过程及结果的判定。按理来说,武王克商以完全的胜利而告终,断辞也应在此结束。上九在此之外,特著"贞吝"一词,似与常理不合。其实,"贞吝"不是指武王克商一事,而是提示了武王克商之后的问题,代表了《周易》作者对当时政治形势的理解和深刻的危机意识。而《晋》的卦辞所叙述的康侯之事,正是武王、周公基于这种危机感,而采取的应对措施之一。

可以看到,武王在他的时代,已经采取了一系列的措施,试图稳

㉑　关于古代的"华山",钱穆认为:"在《周礼》和《国语》两书里,华山是在河南境内的,很可能便是今之嵩山,故今密县附近有古华城。"(钱穆:《中国文化史导论》[北京:商务印书馆,1994],页24)按:《周礼·职方氏》:"河南曰豫州,其山镇曰华山。"则古"华山"在豫州。又云:"正西曰雍州,其山镇曰岳山。"今华山古称"岳山"。又郑注《大司乐》云:"五岳,岱在兖州,衡在荆州,华在豫州,岳在雍州,恒在并州。"也指出古"华山"在豫州。而《尔雅·释山》云:"河南华,河西岳,河东岱,河北恒,江南衡。"又云:"泰山为东岳,华山为西岳,霍山为南岳,恒山为北岳,嵩高为中岳。"则《尔雅》有二说。又,新郑古称"华",其地有华水。《水经注》云:"水出华城南冈,一源两派,津川趣别,西入黄雀沟,东为七虎溪,亦谓之为华水也。又东北流,紫光沟水注之,水出华阳城东北,而东流,俗名曰紫光涧。又东北注华水。华水又东径棐城北,即北林亭也。《春秋》文公与郑伯宴于棐林,子家赋《鸿雁》者也。《春秋》宣公元年,诸侯会于棐林以伐郑,楚救郑,遇于北林。服虔曰:北林,郑南地也。京相璠曰:今荥阳苑陵县有故林乡,在新郑北,故曰北林也。余按林乡故城,在新郑东如北七十许里,苑陵故城在东南五十许里,不得在新郑北也。"亦是古时嵩山称"华山"之证。若古所谓"华山"即嵩山,则"华山之阳、桃林之野",即指嵩山南面的林野。而康叔始封的"康"在今河南省禹县、临汝之间,恰在嵩山之南。两者适能相合。

㉒　当然还有一种可能是,让康叔负责蓄养马牛,是周公时代的决定。

定时局。不过，武王克商两年之后，就因病去世。这使刚刚建立的周朝，又陷入了严重的危机之中。这场危机的发生，是周人内部矛盾和外部矛盾的集中爆发。

二、《蛊》：周公践祚

在《周易》中，叙述周公之事的只有《蛊》卦。虽然内容不多，但从中可以看到，周公在他的时代所具有的承前启后的关键意义。

> 蛊：元亨，利涉大川，先甲三日，后甲三日。
> 初六：干父之蛊，有子考，无咎，厉，终吉。
> 九二：干母之蛊，不可贞。
> 九三：干父之蛊，小有悔，无大咎。
> 六四：裕父之蛊，往见吝。
> 六五：干父之蛊，用誉。
> 上九：不事王侯，高尚其事。

"蛊"，是"事"的意思。《序卦》："蛊者，事也。"不过，"蛊"字本来有不好的意思。《说文》："腹中蛊也。"指腹中有蛊虫。据《左传》昭公元年，赵孟问医和曰："何谓蛊？"对曰："淫溺惑乱之所生也。于文，皿虫为蛊，谷之飞亦为蛊。在《周易》，女惑男，风落山，谓之蛊，皆同物也。"医和指出，"蛊"字原意是器皿中间有蛊虫，进而认为，《周易》中的"蛊"有女子蛊惑男子的意思。因而，后世学者也都认为，《蛊》卦的"蛊"，不直接训为"事"，而是说蛊坏则必"有事"。《正义》引褚氏云："蛊者，惑也。物既惑乱，终致损坏，当须有事也，有为治理也。故《序卦》曰：'蛊者，事也。'谓物蛊必有事，非谓训蛊为事。"[23] 程子曰："蛊，事也。蛊非训事，蛊乃有事也。……蛊之义，坏乱也。"[24] 义同褚氏。朱子曰："蛊，坏极而有事也。"[25] 亦同之。这些解释都从"蛊"字的原

---

[23] 王弼、韩康伯注，孔颖达疏：《周易正义》，页108—109。
[24] 程颢、程颐：《二程集》，页788。
[25] 朱熹：《周易本义》（北京：中华书局，2009），页93。

意,引出"蛊者,事也"的论断㉖。由于这个原因,传统认为《蛊》卦的主旨就在于"拯弊治乱"。如王弼曰:"蛊者,有事而待能之时也。"㉗即等待有能力的人出来拯治蛊乱。

传统注疏对《蛊》卦主旨的把握,与《蛊》卦的历史叙事基本吻合,诚可谓殊途同归。从历史叙事的角度看,《蛊》卦六爻除了初爻、二爻为武王之事,余四爻都是记载周公的作为。其所谓"蛊",首先指"事"。"干父之蛊""干母之蛊",就是代劳父母之事的意思。但与当时的时局联系起来,代劳父母之事,又确有拯弊治乱的意思。

初六:"干父之蛊,有子考,无咎,厉,终吉。""干"字有两种理解。一者,匡正。《广雅·释诂一》:"正也。"虞翻曰:"干、正,蛊、事也。"显然,训正是为了对应蛊所具有的坏乱之意。一者,干事之干。《文言》:"贞固足以干事。"俞樾曰:"《蛊》卦诸干字并当作幹。……幹父之蛊,幹母之蛊,并言主领其事也。"㉘正如我们之前所说,两者是相通的。"干父之蛊",就是绍继父亲之事,惩治弊乱的意思。需要注意的是,在《周易》的历史叙事中,"干父之蛊"不是指匡正父亲的弊乱,而是指继续父亲未及整治,从而遗留至今的弊乱。就此而言,第一层讲主领父事,第二层才联系拯治弊乱较为合适。"有子考无咎",多读为"有子,考无咎",如孔颖达曰:"有子既能堪任父事,考乃无咎也。"㉙有一个能堪其事的儿子,父亲就可以无咎。另有一种读法,从"有子考"为断,读考为成。尚秉和曰:"能正父蛊,故曰有子考。《逸周书·谥法》云:'考,成也。'《左传》襄公十三年'祢庙'疏:'考,成也,言有成德也。''有子考'者,即谓有子能成就先业也。"㉚这种说法于义为长。

从历史叙事的角度看,这一爻说的是武王。"干父之蛊",武王继承文王遗志;"有子考",武王克商,完成了文王所受的天命。《逸周

㉖　高亨曰:"蛊,毒虫,比喻小人(小人指奸巧之人)。"(高亨:《周易大传今注》[济南:齐鲁书社,1998],页155)高说稍嫌狭隘。李零曰:"这里的蛊,不是一般的蛊,而是父母淫乱。"(李零:《死生有命　富贵在天:〈周易〉的自然哲学》,页136)则相去更远。

㉗　王弼、韩康伯注,孔颖达疏:《周易正义》,109。

㉘　高亨:《周易大传今注》,页157。

㉙　又曰:"对文父没称考,若散而言之,生亦称考。"俱见王弼、韩康伯注,孔颖达疏:《周易正义》,页110。

㉚　尚秉和:《周易尚氏学》(北京:光明日报出版社,2006),页72。

书·祭公解》云:"维文王受之,惟武王大克之,咸茂厥功。"意思是说,文王所受于天的大命,在武王的身上得到了完成。子曰:"无忧者其惟文王乎! 以王季为父,以武王为子,父作之,子述之。武王缵大王、王季、文王之绪,壹戎衣而有天下,身不失天下之显名。尊为天子,富有四海之内。宗庙飨之,子孙保之。"(《中庸》)其中"父作之,子述之",正是《周易》"有子考"之义。而文王的"无忧",也即《周易》"无咎"之义。至于"厉,终吉",是指武王伐商过程凶险,最终成功[31]。

九二:"干母之蛊,不可贞。"按照传统的说法,"干母之蛊"是匡正母亲弊乱的意思。从历史叙事的角度说,"母"指的是武王、周公之母太姒。武王曰:"予有乱臣十人。"孔子曰:"有妇人焉,九人而已。"(《论语·泰伯》)注家以为,十人之中包括太姒。其实,太姒为武王之母,子不得臣之。不过,通过这一说法,我们不难看到太姒的功劳。从《渐》卦和《家人》的历史叙事,我们得知,太姒在文王囚羑里的时期,已经执掌了周家的家政。其功劳,主要是孕育、教养了文王的子弟,包括武王、周公这样的大才。《大雅·思齐》曰"大姒嗣徽音,则百斯男","成人有德,小子有造",赞颂了太姒在这方面的功劳。《渐》上六"其羽可用为仪",也称扬了太姒的懿德风范。因此,"干母之蛊",就是主领太姒之事。太姒之事,本在协调家庭内部关系。母事需要代劳,则太姒当时大概已经谢世。文王、太姒既已不在,家政方面,就要处理文王膝下的兄弟关系,及与虞芮等同姓诸侯的叔伯关系。

从历史信息来看,周的家庭或宗族关系有同心同德的一面,也有比较复杂的一面。九年,武王东观兵至于盟津,就是因为宗族内部没有达成一致而退兵(《同人》六二"同人于宗,吝")[32]。而在周公的时代,正是作为兄弟的管、蔡,主动发起了叛乱。此外,据《左传》定公六年,"大姒之子,唯周公、康叔为相睦也"。既说两人(应包含武王)相睦,则与其他兄弟并不相善,亦可想见。种种事实和传言都表明,文王之下的兄弟关系实难妥帖处理。这些不协调的因素,在文王的时

---

[31] 李光曰:"天下蛊坏,非得善继之子,不足以振起之。宣王承厉王,修车马、备器械,复会诸侯于东都,可谓'有子'矣。"(转引自马振彪:《周易学说》[广州:花城文艺出版社,2002],页192)李光以东周史实印证初爻之理,甚有大义。然其所言,于蛊坏之意为多。

[32] 参见拙稿《〈周易〉武王克商考》(未发表)对《同人》卦卦爻辞的解释。

代不是问题,但在文王之后,特别是太姒之后,必会逐渐显露,乃至集中爆发。从《蛊》卦的叙事来看,九二说的还是武王时代的事情。武王克商,居功至伟。《革》九五:"大人虎变,未占有孚。"是说武王威信彰著,无待占卜。但即便是在这个时候,家庭的内部关系,已经出现了隙痕。所谓"不可贞",传统解作"不利贞固"③③"不可坚贞"③④,是说匡正母事,应导之以柔顺,不可过于刚直。这种解法凸显了"事父母几谏"(《论语·里仁》)的道理,却不是爻辞的本义。其实,"贞"是"贞问"的意思,"不可贞"即不利于贞问。作者之所以会有"不可贞"的断语,其后必有真实的事件。我们认为,这可能是指在分封的问题上,周家兄弟产生了分歧。如果真是如此,那么,武王以管叔、蔡叔、霍叔为"三监",除了为挟制武庚之外,也很可能是管叔、蔡叔等主动争取的结果。

九三:"干父之蛊,小有悔,无大咎。""悔",恨惜。"无大咎",没有大的咎害。这里再次出现的"干父之蛊",所指与初爻不同。从历史叙事的角度看,这一爻是指周公开始主领其事。《史记·鲁周公世家》:"其后武王既崩,成王少,在强葆之中。周公恐天下闻武王崩而畔,周公乃践阼代成王摄行政当国。管叔及其群弟流言于国曰:'周公将不利于成王。'周公乃告太公望、召公奭曰:'我之所以弗辟而摄行政者,恐天下畔周,无以告我先王太王、王季、文王。三王之忧劳天下久矣,于今而后成。武王蚤终,成王少,将以成周,我所以为之若此。'于是卒相成王,而使其子伯禽代就封于鲁。""强葆",即襁褓,背负婴儿的宽带、包裹婴儿的被子。说武王驾崩之时,成王尚在襁褓之中,并不可信③⑤。不过,当时的成王,能力与威信尽皆不足,无法维持

---

③③　程颢、程颐:《二程集》,页791。

③④　朱熹:《周易本义》,页94。

③⑤　据《左传》襄公二十五年,子产说,武王将长女许配给舜后胡公。则长女与长子之年,大概不会相差太远。又,清华简《金縢》记武王死时"成王犹幼在位"。而古人"幼"的概念与今人不同。据《礼记·曲礼上》,十至二十行冠礼之前称"幼";孔颖达认为,二十冠礼之前皆称"幼"。梁玉绳曰:"《金縢》曰'周公以诗贻王,而王亦未敢诮公',则成王非不识不知之孩稚矣。曰'王与大夫尽弁',则成王已冠矣。故康成以为武王崩时成王年十岁,王肃以为武王崩时成王年十三,其详见《书·洛诰》《诗·豳风》《礼·明堂位》《穀梁》文十二年诸《正义》及《家语·冠颂》。先儒说成王即位之年虽异词,而其非'居强葆'明矣。"(转引自韩兆琦:《史记笺证》[南昌:江西人民出版社,2004],页2293)

周的统治，这也是事实。周公正是由于这个原因，才决定践祚当国。需要注意的是，周公践天子位、摄政称王，是真正行使了王的权利㊲。后世所说的"相王室"（《左传》定公四年）、"权代王"（《尚书·大诰》正义引郑玄），乃是出于后人的观念，而欲为周公讳，并非当时实情。王国维说："是故大王之立王季也，文王之舍伯邑考而立武王也，周公之继武王而摄政称王也，自殷制言之，皆正也。"㊳况且，武王考虑到当时的情形，本就有传位周公之意，他说："乃今我兄弟相后，我筮龟其何所即。"（《逸周书·度邑解》）兄终弟及本来合理，不用占卜。然而，周公的决定引起了一些人，特别是周家兄弟（管叔及群弟）的不满。其中，反应最大的是管叔。管叔次伯邑考和武王姬昌，排行第三。按照兄终弟及的继承法则，武王驾崩而成王年幼，本应该由他来继承王位。于是，他开始散布流言，实有争夺王位的意思。这一流言，在朝野上下、诸侯之间广泛传播。故爻辞曰"小有悔"。为了澄清事实，周公特意正告太公望、召公奭，说明自己这样做，是为了不让先王父兄所创的基业毁于我辈之手。之所以告二公，除了他们在宗亲和功臣中的地位声望，想必他们也曾为流言所动。至于成王，亦是如此㊴。不过，这一流言终于止息，没有酿成大害，而周公也顺利践祚，故爻辞

㊲ 参见顾颉刚：《尚书大诰译证·本编下·乙：周公执政称"王"》，收入《顾颉刚全集·顾颉刚古史论文集》（北京：中华书局，2011），卷10，页638—687。杨向奎对顾颉刚所举证的铜器铭文作了辨析，认为铜器中的王皆是成王而非周公。另举《令彝》"王命周公子明保尹三事四方，受卿事寮"一句，认为"明保"即周公。"王"与"周公"对言，则王非周公明矣。由此得出结论："我以为周公并没有'称王'，但在成王初年曾经摄政，所有成王时《周诰》都是周公代成王宣告而称王，周公没有自己称王。"（杨向奎：《宗周社会与礼乐文明》[北京：人民出版社，1992]，页155）按：杨对《令彝》的解读不确。该句应断为："王命周公：子明，保尹三事四方，受卿事寮。"明指周公有明德，故下文以"明公"称"周公"，相当于《井》九三称文王为"明王"（王明）。"保"即"辅保"。《洛诰》："公明，保予冲子。公称丕显德，以予小子扬文、武烈。"这一句话，向来不得其解。其实，"公明"与"公称丕显德"相应，指周公有明德；"保予冲子"与"以予小子扬文、武烈"相当，指辅保成王褒扬先公之业。与《令彝》的说法是一致的。而"保尹三事四方，受卿事寮"连用，是成王命周公以"三事四方"，以这种方式辅保成王。再者，即便所举几处铜器的"王"指成王，仅凭这一点也无法推出周公没有称王。因为这些铜器记录的可能是周公还政之后的事情。

㊳ 王国维：《殷周制度论》，《观堂集林》（北京：中华书局，1959），卷10，页455—456。

㊴ 据《尚书·金縢》，周公东征二年归来，"王亦未敢诮公"。既言"未敢"，则是本有此意。

曰"无大咎"㊴。

六四："裕父之蛊,往见吝。""裕",宽裕。"裕父之蛊",犹以宽裕之道干父之蛊,伊川所谓"宽裕以处其父事者也"㊵。"往见吝",如此以往,而生悔吝。从历史叙事的角度讲,这一爻说的是周公当政之后的事。所谓"宽裕",从现有的历史记载看,应是指周公对待流言的态度。周公践祚的时候,流言四起,源头即是管、蔡及群弟,周公对此未尝不知。只是后来,通过周公的澄清和安抚,流言逐渐消散,也没有造成祸害。在这种情况下,周公顾及兄弟情义,没有出于政治或律法的考量,对管、蔡等加以惩处。这大概就是"裕父之蛊"的所指。不过,也由于周公的宽大处理,使得管、蔡有了时间,唆使武庚、淮夷一起叛变。《左传》定公四年:"管、蔡启商,惎间王室。"《后汉书·东夷传》:"管、蔡叛周,乃招诱夷狄。"在这场叛乱中,武庚和东夷也都是管、蔡煽动的,管、蔡才是始作俑者。因为周公的宽裕之政,以致酿成大乱,此即爻辞所谓"往见吝"。此外,《逸周书·作洛解》:"周公立,相天子,三叔及殷东、徐奄及熊盈以略。周公、召公内弭父兄,外抚诸侯。元年夏六月,葬武王于毕。"说的是周公立而三叔及殷东、徐奄叛,周公采取了平息父兄、安抚诸侯的策略。我们认为,这一叙述只是约略之言,顺序未必符合当时的实情。真正的叛乱,需要时间的准备。管、蔡很可能是利用了周公立后"内弭父兄,外抚诸侯"的时期纠集实力、准备叛乱的。而这一时期,也就是周公"裕父之蛊"的时期。

㊴ 值得注意的是,《尚书·金縢》:"武王既丧,管叔及其群弟乃流言于国,曰:'公将不利于孺子。'周公乃告二公曰:'我之弗辟,我无以告我先王。'周公居东二年,则罪人斯得。"而《史记·鲁周公世家》"告二公"之语,很可能是对这一记载的发挥。但两者之间已有出入。《金縢》的"辟",《说文》曰:"法也。"《正义》引王肃解"居东"为:"东征镇抚之。"解"罪人"为:"管、蔡与商、奄。"我们认为,这一说法可从。"我之弗辟,我无以告我先王",是说管、蔡和武庚不可不伐,否则无以告慰我先王的意思。与之相似,《尚书·康诰》记周公之言曰:"封,元恶大憝,矧惟不孝不友。子弗祗服厥父事,大伤厥考心。于父不能字厥子,乃疾厥子。于弟弗念天显,乃弗克恭厥兄。兄亦不念鞠子哀,大不友于弟。惟吊兹,不于我政人得罪,天惟与我民彝大泯乱,曰:乃其速由文王作罚,刑兹无赦。"大意是说,管、蔡元凶,不孝、不恭、不友,因而要替文王作罚,不可宽宥。即是"弗辟"之义。这样说来,《鲁周公世家》所记周公告二公"弗辟"的话,不在周公践祚之时,而在周公行将出征之时。又《书序》:"公为保,周公为师,相成王为左右。召公不说,周公作《君奭》。"周公确曾就践祚一事特向召公澄清。史迁偶有不察,将两事并为一事。要之,其所记载,大意未失,今姑用之。

㊵ 程颢、程颐:《二程集》,页792。

当然，武庚和东夷的叛乱，正如之前所分析的，有其自身的原因或企图。管、蔡的唆使，则是直接的导火索。

六五："干父之蛊，用誉。""用誉"，有令誉。相对于上一爻"裕父之蛊"，这一爻的"干父之蛊"，显然指周公的强势执政。所谓强势，首先是指东征。管蔡流言中伤周公也就罢了，但煽动武庚、淮夷一起叛乱，则乃"是可忍孰不可忍"之事。故周公曰："我之弗辟，我无以告我先王。"（《尚书·金縢》）就是"我若不绳之以法，无以告慰我先王父兄"。东征之后，周公以管、蔡为"不孝不友"的"元恶"，以说明不得不征之意（《尚书·康诰》）。据《逸周书·作洛解》："二年，又作师旅，临卫政殷，殷大震溃，降辟三叔，王子群父北奔，管叔经而卒，乃囚蔡叔于郭凌。"又据《史记·管蔡世家》："管、蔡、武庚等果率淮夷而反。周公乃奉成王命，兴师东伐，作《大诰》。遂诛管叔，杀武庚，放蔡叔。收殷余民，以封康叔于卫，封微子于宋，以奉殷祀。宁淮夷东土，二年而毕定。诸侯咸服宗周。"周公东征前后经历了三年，第一年稳定局势，第二年击溃殷商、惩处三叔，第三年征伐东夷（奄、薄姑、丰伯等）。东征之后，封康叔于卫，安抚殷商遗民。让微子在宋，承继殷商的祭祀。周公东征以完全的胜利而告终，不但最终平定了殷商，也解决了殷商末期留下的东夷"分迁淮岱、渐居中土"（《后汉书·东夷列传》）的局面。"周公东征的胜利，才使周朝基本上完成了统一的大业，才奠定了创立周朝的基础。"[41]周朝由此坚固了在诸侯中的威信，周公也赢得了嘉美的声誉。

当时的管、蔡、武庚，都是非常有实力的诸侯。东夷更是如此。《左传》昭公十一年："纣克东夷，而陨其身。"殷商的灭亡，很大程度上就是受到了东夷的拖累。而周公东征能如此顺利，除了周公本人的能力之外，与武王时期的战略准备不无关系。其中就包括武器的收缴和马牛的蓄养。《豳风·破斧》一诗，是东征之后所作，其中"既破我斧，又缺我斨""既破我斧，又缺我锜""既破我斧，又缺我銶"这些诗句，通过记录武器装备的破缺，反复渲染战事的惨烈。在如此惨烈的战争中，武器装备是非常关键的因素。周人用了武王时期收缴的

---

④1　杨宽：《西周史》，页 169。

兵器,尚且受到破损坏缺如此,更何况已被收缴了武器的诸侯,装备更其匮乏。除了武器,战马和牛车也同样重要。之前,从传世的史料,我们无法了解康侯在战争中的实际贡献,因而也不能理解周公东征之后,竟把他封在故殷墟的卫,让他来安抚殷商遗民。但结合《周易》,周公这一决定,除了他与康侯向来亲善之外,也确有论功行赏的意思。康侯的功劳,正是《晋》卦辞所谓的"用锡马蕃庶"。他所蓄养的马牛,是周公东征的重要保障之一。

东征之后,周公遵照武王的心愿,完成了成周(洛邑)的营建,进一步巩固了对殷商及南国的统治。又实际制作了周朝的礼乐制度,奠定了周文的基础。故子曰:"郁郁乎文哉,吾从周。"(《论语·八佾》)又曰:"甚矣! 吾衰也。久矣! 吾不复梦见周公。"(《论语·述而》)在孔子看来,周公就是周文的代表。《尚书大传》曰:"一年救乱,二年克殷,三年践奄,四年建侯卫,五年营成周,六年制礼乐,七年致政成王。"周公践祚七年,功绩斐然。"用誉",不亦宜乎?

上九:"不事王侯,高尚其事。""事",学者多作"承事"解,如孔颖达曰:"最处事上,不复以世事为心,不系累于职位,故不承事王侯,但自尊高慕尚其清虚之事。"[42]伊川顺着"穷则独善其身"(《孟子·尽心上》)之义作了发挥。伊川曰:"是贤人君子不偶于时,而高洁自守,不累于世务者也,故云'不事王侯,高尚其事'。古之人有行之者,伊尹、太公望之始,曾子、子思之徒是也。不屈道以徇时,既不得施设于天下,则自善其身,尊高敦尚其事,守其志节而已。"[43]不过,这些不是爻辞的本义。从历史叙事的角度讲,这一爻是说周公摄政七年[44],致政成王之事。"不事王侯",张惠言曰:"为不治王侯之事也。"[45]尚秉和曰:"言不事王侯之事也。"[46]这一说法是正确的。此处的"王侯"是偏义之辞,重点落在"王"上。"不事王侯",即周公不再主领天子之事,

---

㊷　王弼、韩康伯注,孔颖达疏:《周易正义》,页 111。

㊸　程颢、程颐:《二程集》,页 793。

㊹　《逸周书·明堂解》《礼记·明堂位》皆谓:"七年致政于成王。"

㊺　张惠言:《虞氏易礼》,《续修四库全书》经部易类第 26 册(上海:上海古籍出版社,2002),页 610。惟其继疑之为太子让国之事,则非也。

㊻　尚秉和:《周易尚氏学》,页 73。

而将王权归还给成王，亦即《尚书·洛诰》"朕复子明辟"之意㊼。周公摄政，本因"天下未集"，为拯救周家于大艰之时，不得已而为之，非是争天子之位。然而，终不能绝天下之疑。经过七年的经营，武功既定，文治亦初见成效。这个时候，周公还政于成王，既印证了当时的初心，也断绝了天下小人的议论，使其之前的事业，得到了历史的盖棺定论。故"高尚其事"，尊高其既成之事也。《荀子·儒效》曰："[周公]履天子之籍，听天下之断，偃然如固有之，而天下不称贪焉。杀管叔，虚殷国，而天下不称戾焉。"所谓"不称贪""不称戾"，乃是后人追溯之论，在当时未必如此。故周公也有意以"不事王侯，高尚其事"自表忠心。

周公还政成王之后，成王命周公世代居洛，而自归镐京。从而形成了所谓"自陕以西，召公主之，自陕以东，周公主之"（《史记·燕召公世家》）的基本格局㊽。据《史记·鲁周公世家》："周公在丰，病，将没，曰：'必葬我成周，以明吾不敢离成王。'周公既卒，成王亦让，葬周公于毕，从文王，以明予小子不敢臣周公也。"《尚书大传》有更为详细的记载："三年之后，周公老于丰，心不敢远成王，而欲事文、武之庙。然后周公疾。曰：'吾死必葬于成周，示天下臣于成王。'成王曰：'周公生欲事宗庙，死欲聚骨于毕。'毕者，文王之墓也。故周公薨，成王不葬于成周，而葬之于毕，示天下不敢臣也。"可知，周公之所以要从成周归周养老，除了想要事奉文王之庙外㊾，还有让成王安心的意思。而之所以留下遗嘱，要归葬成周，是考虑到成王已命周公世守成周，故不敢远离职守。以此昭示天下我周公臣于成王之意㊿。后来，成王将周公葬于毕，以从文王。其实是顺应了周公内心最真实的愿望。

㊼ 《汉书·王莽传》："《书》曰：'朕复子明辟。'周公常称王命，专行不报，故言我复子明君也。"

㊽ 《春秋公羊传》："自陕而东者，周公主之；自陕而西者，召公主之。"又，《史记·乐书》《孔子家语·辩乐解》载《武》乐六成曰："四成而南国是疆，五成而分陕，周公左，召公右。"据此，则自陕而分东西，是周公还政成王以后的情形。《礼记·乐记》亦载《武》乐六成，唯无"陕"字。

㊾ 周公善事鬼神。在《尚书·金縢》中，周公自称"多材多艺，能事鬼神"。

㊿ 后世学者谓"吾死必葬于成周"之"成"字衍（陈逢衡《竹书记年集证》、牟庭《周公年表》、钱穆《周公》等），是不察也。

最后,我们再来看一下卦辞。"元亨","大亨"之意。"利涉大川",是指涉渡黄河,有征伐之意。具体在这里,是指武王伐商。至于"甲"字,《正义》引郑玄曰:"造作新令之日。"[51]王弼曰:"创制之令也。"[52]两者都不离新令,这当是受"治蛊"意象的影响。其实,"甲"字之义,只是"日之始,事之端也"[53]。马融曰:"所以十日之中唯称甲者,甲为十日之首,蛊为造事之端,故举初而明事始也。"[54]殷商以天干纪日,一旬十日,以甲日为首。用在这里,有以周代商,新朝开辟之义。而之所以说"先三日""后三日",又是由于周人的一种纪日之法。王国维考订周代金文,曾提出"四分月相说":"古者盖分一月之日为四分。一曰初吉,谓自一日至七八日也。二曰既生霸,谓自八九日以降至十四五日也。三曰既望,谓十五六日以后至二十二三日也。四曰既死霸,谓自二十三日以后至于晦也。"[55]周原甲骨卜辞中有"既吉""既魄"等,似可与之形成印证[56]。纪日而以七为期,故在周人心目中,"七日"便有了"时变"或"完成"的意思。故《复》曰:"七日来复。"时至则来复。《震》六二、《既济》六二:"勿逐,七日得。"时过则复得。就《蛊》卦的叙事来讲,先甲三日即辛日,指商之末;后甲三日即丁日,指周之初。武王和周公,身处商周之变的当口,完成了商周的变革,故曰"先甲三日,后甲三日"。与之相似,《巽》九五:"先庚三日,后庚三日。"以十日的后七日,指代商末,由此突出文王征伐的意义。

三、小 结

从商周之变的大格局看,文王晚年征伐,平定了西土,奠定了剪商的基础;武王克商,通过牧野之战的决定性胜利,以及对殷属南国的征伐,占有了殷商王畿和南国一带,基本上接手了殷商末期的版图。周公东征,一方面重挫了殷商贵族的残余势力,使殷商故地真正

[51]　王弼、韩康伯注,孔颖达疏:《周易正义》,页108。
[52]　同前注,页109。
[53]　朱熹:《周易本义》,页93。
[54]　李鼎祚:《周易集解》,页70。
[55]　王国维:《生霸死霸考》,《观堂集林》卷一,页21。
[56]　陈全方:《周原与周文化》(上海:上海人民出版社,1988),页144。

得到平定；另一方面讨伐东夷，解决了商末以来东夷"分迁淮岱、渐居中土"（《后汉书·东夷列传》）的局面，实现了真正的统一。周公又通过营建东都，将殷商和东土牢牢控制。实际上，只是到了周公东征、建成东都，并进一步制定礼乐制度之后，商周的变革才真正结束。文王所受的天命，也才真正完成。故成王之称"成王"，成周之称"成周"，皆取其开国大业成功之义。

子曰："武王、周公，其达孝矣乎！夫孝者，善继人之志，善述人之事者也。"（《中庸》）孔子这句话，绝非虚言。武王奉文王木主以伐商，周公以文王之罚而东征，在《周易》中又以"干父之蛊"指代主政。但所有为，皆归之于文王，此正"继志述事"之典范。事实上，文、武、周公之间志业与政策的连续性，是周人革命成功的重要原因。且就武王与周公而言，克商之后不久，武王恐天下不定，欲传位于周公；忧心殷商未平，规划营建洛邑；又从军事考虑，收缴天下兵器，放马牛于华山之阳、桃林之野。无论周公当时有无直接参与这些策略的制定，他对武王的用意可谓心知肚明。后来，周公因成王年幼而摄政；因三叔、武庚、淮夷之叛而东征；又于东征之后，迁殷遗民，作东都成周。这些措施，无不按照当初既定的方针推进，且又真实受惠于武王未雨绸缪的战略安排（如"康侯用锡马蕃庶"）。武王与周公的相及，可谓"一以贯之"。

根据我们的研究，《周易》卦爻辞的历史叙事，以周公致政成王为最晚。这一点值得玩味。《周易》的历史叙事，从文王初年开始，一直到周公致政结束，这正是殷周之变的时间跨度。前人关于《周易》之名有一种说法，认为"周"是朝代之名，"易"是更替之义。我们的研究，无疑佐证了这一说法。此外，我们还可以推测，《周易》作者之中必有周公，理由有四：（一）《蛊》卦专门叙述了周公之事，并以之为《周易》全部历史叙事的结束；（二）《蛊》卦的叙事，明显站在周公的角度；（三）相对于文王和武王，《周易》只有一卦叙述周公之事，与作者的谦逊相符；（四）《周易》专门提到"康侯"，而不及其他兄弟，与"大姒之子，唯周公、康叔为相睦"（《左传》定公六年）的传说相合。当然，《周易》的名义或作者，是非常复杂的问题，我们将在其他地方专题讨论，在此不便深究。

先秦诸子哲学思想解读的新尝试

——2016 年 12 月香港中文大学哲学系中国哲学与文化研究中心"先秦诸子的哲学与交锋"国际学术会议述评

李兰芬[*]

2016 年 12 月中旬,香港中文大学哲学系中国哲学与文化研究中心举办了"先秦诸子的哲学与交锋"国际学术会议,对该次会议的主旨,主办方有这样的说明:"先秦诸子的哲学可谓中国哲学的源头,过去十多年随着出土简帛及崭新研究观点的引入,相关研究产生了丰富的成果。是次会议召开的目的,是希望让此领域的前沿研究能作进一步的交流攻错。"

如同该中心历次举办的国际学术会议引人注目的特点一样,其参与问题讨论的学者不仅包括纯粹从事中国哲学研究的学者,而且包含从事历史学、语言学、美学、政治学,尤其是海外汉学等领域研究的学者。学者对问题讨论范围,也并不局限于哲学概念及理论的解读上,而扩展至对哲学思想的表达方式、历史社会背景等方面的分析上,扩展至对哲学思想的政治学、伦理学、美学等角度的解读上,更扩展至对哲学思想之实际功用(修身养性)等问题的探讨上。而针对主办方提出的"交锋"问题,不同领域学者更积极尝试,从相交融、相分别、相竞争等角度,探讨特定的、有哲学意味的概念和理论的多义性及变化问题。

作为会议主题发言者的著名汉学家戴卡琳(Carine Defoort),提交的论文《名与不名——中国早期哲学中的一个问题》,探讨了中国早期哲学思想中有关"名"的问题。她认为,在中国古典文献中呈现出的"名",从字词本身涵义上、从进入历史及具体情境中的"辨名""正名"等讨论,都表现出"名"与"不名"作为一个哲学问题,与语言学、政治、伦理及具体历史社会等的多重纠结关系。理解"名"与"不

* 中山大学哲学系教授。(电邮: lanfenli@ 126.com)

名"，从方法论上，她认为应多样化。戴教授立足文本，运用多学科交叉分析思想内容的做法，在某种程度上，借用严谨的汉学研究方式（海外汉学的语言学、历史学、人类学等多学科交互使用），并同时创新性地将语言哲学、阐释学，及其他人文、社会相关学科知识融汇一起，对中国具有特色的"名"之哲学思想，作了有洞见的新解读。

戴卡琳教授的看法，至少在来自美国的年轻学者 Mercedes Valmisa 的发言中，得到了回应。她在如何回应汉学对中国哲学的挑战问题上，主张，汉学关注历史、文本，关注物质文化及知识等做法，可以从更广阔及更多样化的角度，丰富中国哲学思想问题被理解的资源。

与海外汉学研究学者的探讨一样，来自台湾、香港、大陆的许多学者，在解读诸子文献，解读新出土文献中，展现了他们良好的古典学术修养，并对其中通过语言学、文字训诂学、历史学等释读出的新义，作了非常有说服力的思想性梳理。如陈丽桂教授分析了不同文本《老子》的规律性用字，并尝试解释《老子》的历史性流变影响。廖名春、丁四新两教授，通过对出土文献篇章及用词的分析，提出了《老子》篇序及《恒先》关键词词义的新看法。他们认为这些看法关系对早期中国哲学问题的理解。其他几位学者，如李若晖、李锐等，对古典文献中的字义作了深入的训诂解读，讨论了字义、词义中包含的哲学思想内容。

而参会中一直从事中国哲学研究的学者，在维持对古典文献作思想性阐释的前提下，一方面灵活地运用其他如语言学的修辞方法、阐释学、文献互勘等，拓展对先秦诸子哲学思想的理解视域。如林启屏、魏家豪（Wim De Reu）、李贤中、何志华、何益鑫等。另一方面，运用哲学中不同方法，如本体论、政治哲学、道德哲学、生命哲学、生态哲学、美学等，对古典文献中的哲学思想进行细致解读。如倪培民、杨祖汉、王庆节、陈少明、林明照、劳悦强、林宏星、钟振宇、邓小虎、李庭绵、陈志强、王华、David Chai、Henrique Schneider、蔡妙坤、刘妮、王正、Andrew Lambert、朴素贞（So Jeong Park）等。其中倪培民教授提出，对儒家思想中孟子及荀子哲学的讨论，不仅要关注心性的理论问题，而且要重视个人修身的道德实践问题。在这些哲学性的解读中，传统中国哲学研究中的问题,在结合运用西方哲学严格方法的分析下,获得了新视域和新意义。学者们从现代哲学理论的角度,提出先秦诸子思想,尤其是儒家思想应进一步展开探讨的新问题,以期古典思想中的哲学资源能对现代中国人生活及世界文明的发展,以及对当代哲学理论的发展,呈现出政治、道德、法律、生态、美学等丰富的资源意义。

如果说,思想之"交锋"是这次三十多位海内外学者共同参与的学术会议的主题,那么,由学者在发言和讨论中富有成效的多学科、多方法、多视域、多层次等的不断交融互动,表明中国哲学问题的探讨,不应再局限于某种方法、某种理论及某个流派上。

先秦哲学与文献

郑宗义

先秦是中国哲学的初创时期,此中思想的规模格局与细致程度虽不比后来,但其原始智慧、灵光睿识却一直是尔后发展的源头活水。而上世纪初西方哲学这一崭新视角的引入,以及过去几十年大量简帛文献的出土,更为这片研究天地别开生面。有鉴及此,中国哲学与文化研究中心在 2016 年底主办"先秦诸子的哲学与交锋"国际学术会议,希望促进前沿研究的交流攻错。本刊邀得几位与会学者供稿,组成"先秦哲学与文献"专辑。我们还请了李兰芬撰写"会议录",供读者一窥盛况。

李锐的文章提出古代中国哲人在宇宙的开始与生化的动力两问题上都有两种截然相反的思考:宇宙是"有始"或"无始",生化是"或使"或"莫为"。相关的讨论虽主要见于《庄子》,但李文广引其他文献证明它们是当时思想界的热点问题,且一直延续至玄学中郭象的自生独化论。尤有进者,文章借用启蒙哲学家康德的二律背反观念:以有始、无始比拟第一个关于时间开端的二律背反,以或使、莫为比拟第三个关于自由的二律背反。饶富启发。如此比较的意义,与其说是为了显示古代中国哲人思考所达到的理论深度,毋宁说是为了引发更多的疑问。诚如李文指出,康德的二律背反是要揭示纯粹理性思辨的幻相,并以理性的自我批判(即理性的能力只及于现象而不及于本体)为旨趣,这与中国哲学以"道"来消解"物"的有始无始、或使莫为,貌似相近而实截然异趣。

到底比较的视域能对哲学诠释产生多大的化学作用,钟振宇的文章可以说是尝试开拓(或挑战)读者的想象。钟文以当代学者孟柯(Christoph Menke)的力量美学来说明道家的气化与规范。文章先是认为孟柯(前主体、黑暗的)力量与(主体、理性的)官能的区分,类乎道家气与形之别;力量的无能(应是指非有特定用途)与官能的能力(有特定用途),类乎道家的无为与为;力量与官能的沟通,所谓"能无能"（即官能借由艺术回归力量），类乎道家的"为无为"（钟文对《老子》此语作别解，释为介乎有为与无为之间）。继而则逆转孟柯主体如何回归力量的思考方向，反问力量如何开出规范，且提示双方进一步对话的焦点所在。毋庸讳言，钟文是个大胆的尝试，因而也显得简略。读者或许会有不少疑惑，例如，气化与力量有何异同？《老子》《庄子》中，"气"的概念并未关联于"力"的概念，气更多是虚与无（包容纳受）而非争斗。又例如，力量美学到底如何能让我们更好地理解道家？

王华的文章亦涉及比较，却表明比较有时乃是为了更好地理解自己与他者不尽相同。王文从斟酌邓小虎关于荀学中自主观念的研究展开，以为邓虽成功论证荀学以习礼来转化、建立和完成自我，却不同意所要成就者是现代理想意义下的自主式自我（autonomy as a modern ideal）。对于现代的自主观念，文章强调它是个突出"独立"与"自我控制"的形式概念，与荀学带有实质内容（即礼乐规范）的自我控制不类。由是，文章进而提出荀学的目的应在于自我加工以成就一个与他人紧密联系的美好自我，故宜称之为"实质性自我导正"。此外，即使荀学重视人心的反省与主宰，但不宜视之为追求完全的独立自主，因为人心仍得在自我的两面（"反思行动者面向"与"社会面向"）所可能造成的张力之间发挥作用。要之，王文的论旨是，假若我们承认荀学的自我是个关系式自我（relational self），则其中包含的自主观念，必有不同于现代理想意义下的自主。

接下来林启屏转从上海博物馆所藏楚简《孔子诗论》中"《关雎》以色喻于礼"一语入手探讨儒学中礼与身体的关系。林文质疑对此语的主流解读，即强调用礼来转化（当中包含压制、克服）色（女色、引申作男女生理本能），一条由外而内地将人的生物本能社会化为规范价值的进路。这样一来，身体对于人之践礼而言便只有消极的被治意义，或工具性的手段意义。文章建议解"喻"为譬喻，并进而推究其背后的类比（相似性）思维，认为如此方能重新突显身体乃礼与色共享的中介，彰明身体实践本具有目的性的价值意义。林文旨在为身体平反，这是正确的判断。不过，其归罪宋明儒存天理去人欲的思想低视身体则恐怕有商榷余地。事实上，文章引录朱熹"然天理人欲，同行异情"的话,正可见身体之于义理除是限制外亦是载体,故不能以载体义来反对限制义。

思想的诠释演绎固多姿多彩,但文献的传播变化也毫不逊色,陈丽桂的文章便做了生动的说明。陈文发现:居出土本之末的北大汉简本,比起更早的出土本如郭店本、帛书本,用字较规律、一致与稳定;居传世本之末的范应元《老子道德经古本集注》,比起之前的传世本如《想尔》本、河上公本、王弼本等,用字同样规律、一致与稳定。然若对照北大本与范氏本,则两本用字除第五十九章外,其余竟没有一章完全相同,明显各有坚持,仿佛代表壁垒分明的两个系统。文章通过对规范性用字的比对分析,如"其"与"亓"、"智"与"知"、"弗"与"不"、"命"与"名"、"恒"与"常"等,来了解各抄本的异同与变异,并分析其意义,足供学界参考。

最后,义理文献亦不妨作历史解读,因为文献产生必有其历史脉络之故。过往研究《周易》卦爻辞,已有学者如顾颉刚等指出其中包含历史记录。何益鑫扩大这一进路,认为所有卦爻辞都是历史叙事,可以一一论定其本义,并已完成专著。本辑专论的文章只是其中一小部分。何文要考出卦爻辞中的周公史迹,乃先从武王的事功说起:依《师》上六言武王克商后告诫自己勿用小人;依《革》上六言武王明白不能对残余势力赶尽杀绝;依《噬嗑》九四、六五及《解》九二言武王收甲兵;依《坤》《离》卦辞及对《晋》卦辞"康侯用锡马蕃庶,昼日三接"之新解(李零的解释)言武王重视放马牛。接着文章提出《周易》中只有《蛊》述及周公,并且其中初、二爻为武王之事,余四爻才属周公作为。显然,作者有他对卦爻辞自成一套的历史解说,这一套自有史实考订作根据,但也恐怕免不了大量使用联想。

自这一辑开始,本刊将改由上海古籍出版社出版。对漓江出版社过去的支持,我们深表感谢,亦期待未来与上海古籍的合作畅顺愉快。本刊一贯秉持以推动中国哲学与文化的研究为己任,希望在往后的日子仍旧得到各位作者与读者的支持。执笔之际,戊戌新岁将临,在此恭祝大家身心康健、学思益进。

2018 年 2 月 8 日

《中国哲学与文化》稿约

1. 《中国哲学与文化》为一双语专业学术出版物,主要发表有关中国哲学及相关主题的高水准学术论文,并设"观潮屿""学贤榜""学思录""新叶林""回音谷"等专栏。欢迎个人投稿以及专家介绍的优秀稿件。

2. 来稿以中(简、繁体)、英文撰写皆可。论文以 10,000 至 25,000 字为合,特约稿件例外。

3. 除经编辑部特别同意外,不接受任何已发表的稿件,不接受一稿两投。所有来稿或样书,恕不奉退。

4. 论文请附:中英文篇名、250 字以内之中英文提要、中英文关键词 5 至 7 个、作者中英文姓名、职衔、服务单位、电邮地址、通讯地址、电话及传真号码(简评无须提要和关键词)。

5. 来稿请寄:

   香港　新界　沙田

   香港中文大学哲学系

   冯景禧楼 G26B 室

   中国哲学与文化研究中心

   rccpc@ cuhk.edu.hk

6. 投稿详情,请浏览本中心之网页(http://phil.arts.cuhk.edu.hk/rccpc/html_b5/05.htm)。